ESCRIBE

HOY

POR GONZALO J. SUAREZ @GJSUAP

UNA GUÍA PRÁCTICA PARA EL AUTOR CON PRISA

ESCRIBE HOY

Una guía práctica para el autor con prisa

Por Gonzalo J. Suárez Prado.
@Gjsuap

Contenido

Introducción

Bienvenido al método "Escribe Hoy", una herramienta que te ayudará a poder escribir más y mejor, para cualquier tipo de producto escrito que requieras: una novela, un cuento, un artículo para periódico o revista, una entrada de blog, una tesis... En cualquiera de estos proyectos te podremos ayudar con nuestro método.

Este método se basa en casi 20 años de experiencia práctica escribiendo, publicando e impartiendo clases y talleres a todo tipo de audiencias: estudiantes, profesionistas de diversas áreas; talleres y cursos para las universidades más prestigiadas del país y para pequeños grupos privados; escribiendo libros, artículos para revistas impresas y para portales de Internet.

La idea central del método "Escribe Hoy" es muy simple, pero muy poderosa, y consta de cuatro pasos: **estructura** tu texto, **escribe** contra reloj, edita y documenta **después** de escribir, da **formato** para su envío, edición o publicación.

Cuatro pasos, cada uno con reglas muy claras y con una metodología que te permite vencer el "bloqueo de escritor", te permite trabajar en desorden pero sin perder el orden y te hace más eficiente en la escritura. Por lo tanto, potencia tu talento y capacidad, haciéndote más eficiente y eficaz. Por ello es posible escribir un libro entero -una novela o una tesis, por ejemplo- en 30 días, trabajando menos de tres horas al día. Yo he escrito una novela de más de 54,000 palabras en dos semanas utilizando este método -y ya está publicada; luego te cuento más de El tesoro de Cuauhtémoc, que es uno de los ejemplos que utilizaré en esta guía.

El presente manual tiene tres secciones: Consejos Prácticos, el Método Escribe Hoy y Herramientas adicionales. Si tienes mucha prisa, revisa directamente la sección **Método Escribe Hoy** y en poco tiempo estarás aplicando los fundamentos del Método. Si tienes tiempo o estás decidiendo de qué escribir, hemos incluido 10 consejos prácticos para todo tipo de escritura, eso sí, agrupados a tres estilos o productos: ficción, no ficción o académico. Están antes del método porque, suponiendo que estás en la fase de decidir qué escribir, te ayudarán. Por último, las herramientas sugeridas incluyen cómo dictarle a tu teléfono o computadora -lo que acelera la creación de tu primer borrador, una reseña del mejor software para escribir que hemos encontrado y la oferta de servicios adicionales para las cuatro fases de escritura que señala el método; si en alguna crees que necesitas ayuda o te podemos apoyar, adelante.

Por último, pero no al final: nada te ayudará más y mejor que practicar. Practica, practica, practica. Adopta el método para todas tus necesidades de escritura. Tal vez con la excepción de poesía, para todo lo demás, desde un e-mail hasta un tratado científico enciclopédico, puedes utilizar el Método Escribe Hoy. Úsalo, adáptalo a tu estilo, agrégale o cámbiale cosas... lo que tengas que hacer con él, hazlo. Pero úsalo. Y no dejes de practicar. Practica, practica, practica.

Recuerda que esta es la segunda edición, y que la iremos ampliando y mejorando. Tras un año desde la anterior y con los nuevos ejemplos, se ha hecho un texto mejor. Incluí las herramientas de dictado de voz tanto móvil como fijo, la reseña de *Scrivener*, algunos ejemplos adicionales y cambios menores. Al adquirir esta versión tendrás acceso a las actualizaciones y ampliaciones de la misma sin costo. Muchas gracias por acompañarnos. Te deseamos mucho éxito en tus labores como escritor. No dejes de compartirnos tus éxitos, comentarios o sugerencias. Bienvenido, Colega.

Gonzalo J. Suárez P.,
@Gjsuap,
Julio de 2016.

Diez consejos breves

Define tu tema

Antes de empezar a escribir, debes definir bien tu tema. ¿De qué vas a escribir? ¿De algo que te gusta, de algo que te encargaron, de algo que conoces? ¿Cuál será tu fuente básica, documentos o testimonios? Saber de qué se hablará y en que tono es fundamental para hacer un buen trabajo.

Recuerda que cada formato tiene condiciones particulares. Puede ser ficción, no ficción, académico o guía práctica.

Una **ficción** es típicamente un cuento o novela, en el que la historia puede tener componentes verosímiles pero es esencialmente inventada. La idea allí es que el autor tiene plena libertad creativa para poner lo que quiera, si bien hay convenciones sobre cómo debe abordarse un tema en particular. Una novela de terror no es lo mismo que un cuento romántico para adolescentes; una historia basada en hechos reales tiene un tratamiento distinto que el de una historia de ciencia ficción. Definir bien tu estilo ayuda a cumplir las convenciones del género del que se trate. Puede basarse en hechos, situaciones o personajes reales pero alterados totalmente para hacerlos otra historia.

La **no ficción** se refiere a que los hechos de los que hablarás tienen un sustento en la realidad. Historia o biografías son ejemplos claros de este modelo: los datos fundamentales de la narración deben ser ciertos y pueden ser comprobados, pero el autor puede incluir narraciones o pensamientos de los personajes, que ciertamente no requieren comprobación -o no pueden ser comprobados-. En ese sentido, "Noticias del Imperio" es un gran ejemplo: documenta muy bien el gobierno de Maximiliano de Habsburgo y la vida de su esposa Carlota; y si bien los hechos duros tienen todo el rigor histórico, los soliloquios y emociones de Carlota son de gran intensidad y, obviamente, inventados por el autor. Esta categoría aplica mucho en reportaje o crónica: el periodista debe contar la verdad y documentarla.

El **trabajo académico**, por el contrario, no se permite ningún tipo de licencia creativa: todo debe ser estrictamente como lo señalan las fuentes. No se pueden usar adjetivos ni interpretaciones más allá de lo que soportan los datos, y en esos casos deben tener fundamento claro y señalar dónde empiezan las hipótesis. Toda fuente debe ser adecuadamente identificada y contrastable, y en este caso es mucho más la labor de documentación y organización de la información que la propia creación original.

La **guía práctica** es un conjunto de pasos que detallan cómo debe hacerse cierta tarea; en ese sentido, tiene también orden como el trabajo académico pero su manejo de las fuentes es más laxo: no requiere justificar todo lo que se dice, pero más le vale tener un buen sustento. Suele tener soporte en la experiencia directa del autor, como buena parte de los tratados de medicina que son ejemplo de ello. Y, de hecho, "Escribe Hoy" es un buen ejemplo de guía práctica que esperamos te sea de mucha utilidad.

Sabiendo qué tipo de texto vas a escribir quedará muy claro el tipo de investigación o documentación previa deberás hacer. Un trabajo basado en experiencia personal o memorias requiere menos soporte que un trabajo académico, y la habilidad para plasmar lo que quieres decir es necesaria en todos los tipos de texto.

Ten estructura

Es importante que definas el tipo de estructura que tendrá tu texto. ¿Se dividirá en capítulos, en secciones agrupando capítulos, será un único capítulo con distintos subtítulos? El tipo de estructura que diseñes te será de utilidad para plantear el resto de tu trabajo.

Por ejemplo, hay novelas que tienen secciones que agrupan capítulos que ocurren en distintos momentos del tiempo: en el presente, hace 20 años, y 10 años en el futuro, por ejemplo. Hay quienes prefieren que cada capítulo sea en un lugar y época distintos, y lo señalan en el inicio de la sección.

En tesis, por ejemplo, se suele incluir una introducción, una revisión de la teoría, una exposición de los datos u observaciones directas, una aplicación de la teoría a los datos, y una sección de conclusiones. Claro que cada sección puede llegar a tener tres o cuatro capítulos que amplían una parte. Los datos y la bibliografía se manejan como anexos. En ellos puedes incluir el detalle de los datos originales o los análisis sobre los mismos. Se permite así que la idea central fluya en el texto sin interrumpir con demasiada información, pero esta está presente para poder sustentar lo que se dice en una revisión detallada. Cabe destacar que John Nash ganó el Premio Nobel de Economía con un artículo de menos de una hoja, que probaba que el enfoque de Adam Smith estaba mal, a partir del cual creó el campo de la economía denominado "Teoría de Juegos". Así que el tamaño no debe ser la única señal de un buen texto. La calidad de la idea es más importante que el conteo de páginas.

Es importante que definas si tienes que lograr un número específico de páginas, sea máximo o mínimo, y en función de eso diseñar la estructura de tu texto. Por ejemplo, el estándar señala que una novela debe tener al menos 150 páginas. Pero en algunas universidades un ensayo académico de titulación puede tener un máximo de 50 páginas, más anexos. Así que, como dice el refrán, "según el sapo es la pedrada". Asegúrate de conocer el sapo antes de empezar para tener la piedra adecuada.

También ayudará a tu estructura tener claras las ideas que quieres transmitir. ¿Qué quieres que se lleve el lector? A veces pensamos que una novela se hace por divertir, pero sin duda tiene también hipótesis y valores que pueden implicar cosas distintas para distintas personas. En guías prácticas la lógica es otra: te buscan para resolver un problema, y en la medida en que lo hagas, tendrás valor. Eso implica tener la información necesaria con el nivel de detalle suficiente para que todo quede claro; que la información esté ordenada y clasificada, expuesta de tal manera que el lector pueda hacer el diagnóstico de su problema concreto, localice la solución requerida con rapidez y pueda aplicar el consejo de manera pronta.

Sea cual sea la estructura que elijas, asegúrate de apegarte a ella y de cumplir los requisitos que tu editor, agente o lector te piden y esperan de tu trabajo.

Escoge tus fuentes

Sabiendo de qué tema vas a escribir y cuál es el tipo de texto que se espera como producto final, es momento de elegir tus fuentes.

Muchas veces pensamos que al escribir una novela no hay que documentar mucho. "Es ficción y la gente lo sabe". Pero si hay un anacronismo, el lector se dará cuenta. Por ejemplo, en "Julio César", el gran William Shakespeare comete el error de señalar que, poco antes de su muerte, César escucha las campanadas del reloj señalando la hora. Ciertamente no había relojes de péndulo en la Roma clásica. Y como ese error, pocas cosas arruinan más la emoción de una ficción que encontrarse con un dato fuera de lugar.

En algún texto de divulgación política se comentaba que durante la elección presidencial de 2006, Roberto Campa -candidato de Nueva Alianza- salió a reconocer que no había ganado, pero también señalaba que Roberto Madrazo -del Partido Revolucionario Institucional- estaba fuera de la competencia, lo que implicaba que el resultado estaba entre Andrés Manuel López Obrador -candidato del Partido de la Revolución Democrática y otros- y Felipe Calderón -del Partido Acción Nacional-. El autor escribió que Campa "había reconocido su derrota". Era técnicamente preciso. Pero el editor lo cambió por "había reconocido la victoria" de Calderón. No es lo mismo afirmar contundentemente que tu perdiste a decir que alguien más ganó con certeza; ese error restó credibilidad al libro y pudo evitarse. Y no era ficción...

Incluso, si el libro a escribir son tus memorias, lo ideal es que estén bien documentadas. Revisar los álbumes familiares y las actas de nacimiento pueden evitar que digas que la abuela tuvo al papá a los 12 años de edad, cuando en realidad fue a los 18; o que digas que estabas en la secundaria cuando ocurrió el temblor de 1985, cuando en realidad empezabas el sexto año de primaria. Esos errores le restan credibilidad al texto.

Hay dos grandes fuentes que solemos dejar de lado al escribir textos de época: la primera son las películas. En efecto, una película hace un gran esfuerzo por ambientar adecuadamente el estilo, vestuario y hábitos de la época que pretende retratar; mejor ve con lujo de detalle la película "Gladiador" antes que leer tres textos eruditos sobre la Roma Clásica. Y tal vez con la excepción de que el pueblo festeje la muerte del César, la descripción de la época en esa película es excelente. Así que si la vez un par de veces podrás describir detalles de vestuario, iluminación, locaciones y otros detalles con un nivel de cuidado y precisión que no podrás lograr tan rápido con otras fuentes más formales.

La segunda fuente a menudo ignorada son los libros de la sección infantil de la biblioteca. A menudo los escriben grandes figuras de los campos científicos o históricos de que se trate. Tienen los datos esenciales, las definiciones, las ilustraciones clave, con el rigor de un libro científico y con la claridad de un texto para niños. Además, los libros infantiles suelen tener fichas bibliográficas que no desentonarían en una investigación seria: "Los dinosaurios" por David Attenborough publicado por "BBC Books" suena lo suficientemente serio como para que se note que tiene apenas 20 páginas ilustradas y menos de 5 cuartillas de texto efectivo. (Su hermano Richard Attenborough hizo el papel de John Hammond en las películas de "Parque Jurásico", por lo que tiene el tipo ideal de científico de dinosaurios). Sin embargo, antes de empezar a escribir un texto sería buena idea revisar la sección infantil de la biblioteca: te aclarará las definiciones fundamentales y los datos básicos con unos pocos minutos de lectura. Es un gran punto de inicio.

Sea que uses esas fuentes u otras más, recuerda que documentar lo suficiente antes de empezar a escribir es una gran forma de tener un buen texto. Y si, es posible que te encuentres detalles que no conozcas antes de empezar. Por ejemplo, al escribir *Clara Sandra Solía Soñar* sabía que uno de los personajes tendría casi por accidente el mejor celular disponible. Pero... ¿Cuál era el mejor celular a la venta en México en el verano de 1995? Confieso que me tomó casi una hora localizar el dato, pero para quien lea el texto y haya vivido ese año, le hará mucho sentido. Y no, no era el StarTAC plegable de Motorola como había pensado originalmente... y sin duda le da una mejor ambientación al texto.

Gánale al tiempo

Hemos encontrado que la mejor forma de escribir rápido y bien es... competir contra el reloj. En efecto, tener un plazo temporal más bien pequeño hace que te concentres mejor y que tu escritura fluya natural y bien narrada. Pensar demasiado hace que tengas una escritura ajena a la vida cotidiana, y por lo tanto le "suene mal" al lector.

Aunque "Escribe Hoy" tiene un componente fundamental que analizaremos en la sección 2 del Método, es prudente adelantarlo: si puedes partir tu escritura en bloques de 5 minutos y hacerla contra reloj, verás que automáticamente le harás caso a Isaac Asimov y "escribirás mucho, porque escribes como hablas". Y cuándo escribes como hablas, puedes escribir mucho.

Escoge un plazo para terminar tu texto. Sea un plazo que te pida la institución -sea la editorial o la escuela- o uno que te fijes tu mismo, es importante tener un plazo para terminar el texto. Tal vez el ejemplo más radical es el *NaNoWriMo*: en el Mes Nacional de Escritura de Novelas (*National Novel Writing Month*) se pide hacer una novela desde cero en un mes, con al menos 50,000 palabras. Ya. Ese es el objetivo. No debe estar terminada, no debe ser perfecta: basta con que sea un primer borrador de 50,000 palabras. Eso es lo que se cuenta como "condición de gane" del reto. Y no es mucho: equivale a escribir 1,667 palabras por día, unas ocho cuartillas. En tiempo, corresponde a entre hora y media o dos horas. Con el Método Escribe Hoy que analizaremos a continuación verás que es posible.

Una condición que debes saber: para cubrir esas metas, la mejor forma de lograrlo es NO editar en tanto que no hayas concluido el primer borrador.

Siguiendo nuestro método sabrás qué pasará en tu texto antes de empezarlo. Y escribirás sin editar, por lo que cumplirás el plazo que te pongas. Luego editarás y por último darás formato. No te paras a buscar la frase más complicada o la expresión ideal: primero escribes. Ya después editas o documentas los detalles. Así sí se le puede ganar al reloj al escribir.

Deja macerar

No publiques ni edites de inmediato. Tendemos a querer corregir el texto tan pronto lo escribimos o cuándo recién lo acabamos, y eso es un error.

Es importante que tomes distancia de tu texto. Si el tiempo de entrega lo permite, déjalo en paz al menos tres días. Transcurrido ese plazo es momento de revisar tu texto y "cazarle" los errores que tenga, de poderlo editar con calma. Si no puedes dejar pasar tres días, intenta que sean al menos tres horas.

Este plazo lo llamamos "macerar", a la misma manera en que hay platillos que se deja que tomen las especias en que se mezclan. Paciencia es la clave. A veces no es fácil hacerlo, pero es importante.

En caso de que tengas una urgencia por el vencimiento de un plazo, escribe un capítulo, escribe otro y entonces revisas el primero. De tal manera que no leas ni revises lo que acabas de escribir, sino algo más distante en el tiempo.

Recomiendo también que si *alguien* más puede revisarte tu texto, lo haga. Sé que solemos ser celosos de nuestros trabajos y preferimos que "nadie lo vea hasta que esté perfecto", pero eso puede terminar por retrasar mucho más el resultado. Yo prefiero mandarle a mi editora los textos una vez concluido el primer borrador, y no volver a tomarlo hasta que tengo sus observaciones para decidir si las incorporo o no. Eso me da distancia con el texto y cierto desapego; en estricto sentido dejo de leer lo que *creo* que escribí y empiezo a leer lo que en verdad *dice* la página. La diferencia, que parece trivial, no es menor.

Lo importante en este sentido es no releer ni reeditar el texto tan pronto lo termines, sino alejarte de él y darte tiempo. Por supuesto, cada quien tiene una forma de hacerlo, pero en mi caso recomiendo mucho trabajar en varios proyectos a la vez, pero dedicarle el 100% del tiempo de la sesión a uno solo, alternando sesiones. Esto me permite "cambiar el chip" entre uno y otro, lo que hace que trabaje de distinta manera un manual que una novela, un cuento que un *post*. Tal vez no todos pueden hacer eso, pero he encontrado que es una buena manera de ir mejorando el estilo en cada formato. Si puedes, inténtalo.

Ficción: Personajes

Al escribir ficción una de las principales dificultades radica en crear los personajes. ¿Quién es, cómo es, qué piensa, cuáles son sus antecedentes? Entre mejor logres resolver esos puntos, tu texto será mejor y más claro.

El mejor consejo que descubrí sobre el tema y que les recomiendo, es tomar como base a una persona que conoces y, a partir de allí, re-crear el personaje: muchas de las cosas que dice o que hace, sus motivos y objetivos pueden basarse en una persona en concreto. Pero para que el modelo funcione, tienes que desconectar al personaje de la persona. Una forma adecuada es crear una hoja de detalles: físicamente, cómo es. Cómo piensa. Cómo actúa. Qué lo motiva. Cuáles son sus relaciones con otros personajes. Y crea una hoja con cada uno, de manera que puedas revisar tus fichas cuándo lo requieras. Si en algún momento del texto revelas un detalle adicional, añádelo a tu hoja de referencia. La idea es que de un golpe de vista sepas de quién hablas. Pocas cosas destruyen más una ficción que inconsistencias en los personajes: un personaje que cambia de nombre, o de aspecto, o de conducta y no se explica por qué, rompe la continuidad.

Cuando pienses en personajes, recuerda: si los define un único rasgo, se vuelven caricaturas. Piensa en los siete enanos de Blanca Nieves: Tontín, Dormilón, Gruñón; o en los Pitufos: Bromista, Filósofo, Cocinero. Cuando los definen dos rasgos, se vuelven estereotipos: el narcotraficante violento, la autoridad corrupta, la madre abnegada. Para que un personaje se vuelva realmente interesante, requiere al menos tres rasgos: pero si además haces que uno sea negativo y dos positivos, o dos positivos y uno negativo, tus personajes tendrán una profundidad y un sentido de realidad muy intenso. Por ejemplo, el niño inteligente bueno y berrinchudo. ¿Qué pasa cuándo algo no se sale como quiere? Puede dejar de lado el ser bueno. O el hombre malo que tiene rasgos de bondad que pueden llegar a redimirlo. Un personaje totalmente malo se vuelve odioso; uno totalmente bueno se vuelve predecible. Lo que hace interesante -humano- a un personaje es que tenga un debate en su propio interior. Que veas cómo algunos de sus rasgos están en conflicto permanente. Que su nobleza y su deseo de justicia se opongan a su sentido de venganza, por ejemplo. O que quiera hacer caso a su educación y formación de "persona buena", pero su instinto sea más fuerte.

Lo que mueve a tus historias es el conflicto. Con uno mismo. Con un antagonista. Con las circunstancias. Contra el destino. Contra las dificultades. Un gato tomando el sol en un tapete no da para una historia. Puede ser una interesante pieza de descripción, tal vez de poesía. Dos gatos queriendo tomar el sol en el mismo tapete al mismo tiempo... ESO es un conflicto. Eso puede generar más interés. Y si es un niño noble entregado desde bebé a la pobreza, que tiene que descubrir su verdadero origen, probar sus capacidades y luchar, incluso contra su propia familia, para enfrentar un destino cruel y salvar a miles de personas... eso es una gran historia. Sea la de Moisés en la Biblia o la de Luke Skywalker en Star Wars -que dicho sea de paso, ambas encajan en la descripción de arriba-. El conflicto mueve una gran historia.

Ted Dekker tiene una frase que, literalmente, tengo frente a mi cada vez que escribo ficción: *"Una HISTORIA es una serie de eventos que involucran personajes interesantes que CAMBIAN como resultado de esos eventos"*. Listo. Si tu personaje no es interesante, no tienes historia. Si no pasa nada, no tienes historia. Si los personajes siguen igual, no tienes historia. Eventos, personajes, cambio: eso hace una buena historia. Y si hay conflicto para lograrlo, mucho mejor.

No ficción: Guía previa

Escribir un texto de no ficción puede tener dos sentidos principalmente: generar un documento académico -sea como estudiante o como profesor- o generar una guía sobre "cómo hacer" una tarea, que puede ser desde un manual de operación de un coche, una guía de carpintería para ensamblar muebles o una guía de escritura para un autor con prisa -como la que estás leyendo-. En este tipo de trabajos no importa tanto contar una buena historia que entretenga al lector, sino darle información útil y una guía paso a paso de qué debe hacer para cumplir cierta tarea, sea ésta revisar el aceite del automóvil, hacer el ensamble de dos piezas de madera o escribir un texto de no ficción rápidamente.

Lo relevante al hacer un texto de no ficción es que el lector reciba la información para cumplir una tarea que le interesa lograr de la manera más simple y detallada posible, pero que ni se pierda en la simpleza ni en el detalle. Como solía decir Albert Einstein: *"Yo trato de explicar todo lo más sencillo posible. Pero no más simple"*. La información esencial debe estar allí y no faltar, y no debe ser tanta que se pierda el usuario al tratar de buscar lo que necesita. Si se trata de dar pasos, cada uno debe ser suficientemente claro y sencillo: si es muy complicado, hay que partirlo en dos o más. Y si es muy sencillo, tal vez no requería una explicación.

Por ello, al escribir no ficción un paso fundamental es revisar otros textos que traten de lo mismo. ¿Qué consejos dan? ¿En qué orden? ¿Qué temas incluyen? ¿Cuáles no? ¿Hay una forma "convencional" de resolver el problema, una que todos los autores incluyan de forma muy similar entre si? Esta revisión tiene por objetivo que definamos exactamente cuáles son los temas que debemos incluir en un texto que sea "completo" sobre el tema. Por supuesto que no es lo mismo hacer un manual de cinco páginas para operar un juguete que un manual completo de operación de quinientas páginas para detallar la operación de una fábrica de juguetes. Lo que si es que todos los manuales de ese tipo, sean pequeños o grandes, incluyen partes en común: advertencias precisas, descripción de las piezas, funcionamiento normal de las tareas sencillas (cómo jugar o prender el equipo), realización normal de tareas complicadas (cómo cambiar las baterías o reemplazar los insumos) y solución de problemas. Un manual que no incluya esos componentes mínimos nos hace dudar de su viabilidad.

Es por eso que revisar otros textos en la materia nos ayuda a determinar qué temas debemos incluir en nuestro libro. Cierto, hay formas diferentes de hacer el cálculo diferencial, pero la metodología estándar está en todos los libros de cálculo. Debe estar en el libro que pretendas escribir sobre el tema. Así como encender y apagar un juguete suele ser una tarea tan sencilla que muchas veces no se requiere manual (mover una palanca de "on" a "off" o presionar un botón de encendido), el proceso de encendido y apagado *debe* estar en tu manual. Así que al diseñar un índice o tabla de contenidos tu libro debe tener "todos" los temas que veas que se repitan en "todos" los demás libros.

Entonces... ¿Para qué escribir un nuevo libro si "ya está todo" dicho y, adicionalmente, te pedimos que digas lo mismo? Por dos razones: tu forma de expresarlo, de decirlo y presentarlo es diferente a la de los demás. A menos que copies palabra a palabra un texto anterior, tu enfoque será distinto y propio. Aunque incluyas todos los pasos necesarios. Aunque sea idéntico el procedimiento. La forma de decirlo lo hará único. Pero también podrás agregar conocimientos adicionales, nuevos enfoques y alternativas distintas.

El objetivo de incluir "lo que todos hacen" es mostrar que sabes de qué estás hablando. Que un lector encuentre lo que espera encontrar abona a tu credibilidad y desempeño como autor. Porque dices lo que se espera que digas - aunque lo hagas de forma original-. Y entonces, en la segunda mitad del libro, o de cada capítulo, podrás poner tus aportaciones creativas, tus enfoques novedosos, tus ideas diferentes. Porque ya leyó tu público lo que espera leer, se abrirá más a probar tus enfoques originales. Digamos que a estas alturas de este libro ya viste que el 70% de lo que hemos dicho "ya lo habías visto antes", aunque no en las mismas palabras. Creo que el enfoque te parece novedoso, práctico y conocido. Te ha gustado, o ya no seguirías leyendo. Estamos, pues, listos a presentarte la aportación original del método "Escribe hoy". Porque ya has leído lo que puedes ver en otros libros, pero de una forma diferente. Al sumar los consejos novedosos que aportaremos, el texto ganará un lugar propio. Y eso es lo que espero que hagas con tu material.

Trabajo académico

Cuándo se trata de hacer un trabajo académico, hay una convención: investiga, investiga, investiga... y al final, vuelve a investigar y ya que hayas revisado 200 fuentes, tengas 1,000 fichas y una base de datos enorme, entonces puedes empezar a escribir. Eso puede tener algo de sentido, pero no es la forma en que un autor con prisa aborda ese tipo de tareas.

¿Por qué? Porque no debes escribir de un tema que no conoces. Y si conoces del tema, puedes escribir primero y documentar después. ¿Cómo? En efecto: si escogiste un tema, es porque ya tienes una idea de él. No empezarás a hablar de mármoles renacentistas italianos para hacer un trabajo de química biológica. Buscarás datos de Miguel Ángel Buonaroti y sus contemporáneos. Pero es probable que ya sepas mucho de su historia previa -o no estarías escribiendo un texto académico sobre él.

Cierto es que la revisión documental debe servir para descubrir lo que ya se ha dicho en el tema antes de aplicar la teoría a tus observaciones originales, o tus aportaciones. Y tienes que ver que sean originales, que no se hayan dicho antes. El punto es que puedes empezar a escribir y, una vez que viste lo que si vas a usar, *entonces* documentas ese punto preciso. Es decir: si un trabajo académico tiene, digamos, un límite de 10 páginas, y tu comentario sobre Miguel Ángel no puede usar más de dos, ¿Vale la pena documentar toda su vida y obra si sólo piensas comentar que el David tiene unas manos desproporcionadamente grandes? Ya que escribiste eso, entonces buscas en qué año lo hizo, o dónde lo hizo, o lo que quieras que sirva para documentar por qué tiene esas manos tan grandes.

De manera similar: primero encuentra y analiza tus datos, y *entonces* verás que teorías buscar, qué modelos estudiar, qué enfoques te sirve para documentar más y que valga la pena para incluir en tu tema. Con este enfoque de "primero escribo, luego documento", algunos de nuestros alumnos han conseguido terminar tesis de maestría con mención especial en menos de 15 días... desde el inicio hasta el final del proceso de escritura -aunque luego se la fueron pasando a los revisores poco a poco, para que pareciera que les tomó mucho más tiempo-.

Otro gran consejo: escribes un primer borrador. Entonces, lo documentas. Ya le pones las notas de pie de página, agregas la bibliografía y las referencias. Lo editas. Y el siguiente paso es... escribir desde cero un segundo borrador. ¿Por qué sugerimos hacer eso? Porque la continuidad del texto puede estar irremediablemente dañada. Vamos: le has ido agregando cosas que fuiste descubriendo al documentar. Tal vez una definición de la página 2 altera el contenido de la página 10. Pero no te darás cuenta porque te concentraste en editar la página 2. Por eso vale la pena reescribirlo todo "como si" fuera nuevo, pero sabiendo que toda la información que tienes es la que vas a necesitar. Y entonces escribes tu segundo borrador.

Ese borrador lo vas a circular a al menos tres personas -en su caso, más si tienes un número "formal" de revisores. Por ejemplo, en una tesis suelen pedir 3 revisores. Pásalo a otras 3 personas, compañeros, colegas o profesores. Esto porque en un trabajo académico es fundamental que digas lo que *debes* decir y no lo que *crees* que dices. Y lo mejor para eso es que muchos ojos lo revisen. No tantos, porque si no nunca acabas. Pero que al menos tres personas lo revisen es un buen consejo. Sólo asegúrate que ese proceso no tome demasiado tiempo: si te es posible, acótales el plazo para sus comentarios o sugerencias.

Una vez que recibas todos los comentarios y sugerencias y los hayas incorporado, inicia otro proceso de edición. Esto porque cada "aportación" de tus revisores alterará nuevamente el texto y podría dañar su continuidad.

Lo relevante es: primero escribe, luego documenta, luego edita. De esa manera puedes acotar un proceso que puede tomarte varios meses y nunca acabarse... porque "perfecto no basta". Si te dedicas a documentar sin parar, puedes consumir meses -o años- y no llegar a nada relevante. Mejor primero escribe, luego documenta. A final de cuentas, no escogerás un tema del que eres totalmente neófito. ¿O sí?

Tu eres el autor

En esta hora de verdades obvias, llega la mayor de todas en el tema de ser autor: Eres la máxima autoridad en tu libro. Pasará lo que quieras que pase, cuándo quieras que pase y como quieras que pase. El resultado podrá ser bueno o no, pero nada ni nadie puede impedírtelo.

Es decir, tus ideas y la forma de expresarlas solo tienen un factor clave: tú. Como te guste, es como será. Tiene que ser así. No hay opción. Podrán decirte que cambies, que varíes; que lo hagas de otra forma. Que lo plantees diferente, que lo resuelvas distinto. Pero no olvides que la máxima autoridad en tu libro **eres tú**.

Tú decides qué quieres poner y cómo lo quieres poner. Tú decides si te sometes a la autoridad o al estilo o la influencia de cierto autor. Si sueñas como García Marquez o si eres breve como Hemingway. Si hablas de cosas que no has vivido, o si te metes a las condiciones más extremas antes de escribir, como Thomson. Si escribes para darle gusto al público, para procurar vender mucho o para darte gusto a ti mismo y a nadie más. Tú eres la máxima autoridad en tu libro, y no puedes ni debes claudicar sobre ello. Haz lo que quieras hacer sin rendirle cuentas a nadie.

Hay un riesgo, sin duda: que el libro no guste. Que el libro no venda. Que la crítica lo haga polvo o las reseñas lo ataquen sin piedad. Que no les guste a las mayorías. O a las minorías, o a los expertos. Que haya quien diga que tu vocación de escritor es un fraude y que no eres tal. La crítica, esa genial embustera. Es tan falsa como el aplauso. No les creas del todo. Escucha, analiza; sin duda algo de cierto tendrán las críticas o los aplausos por igual.

Me ha pasado. Amigos que festinan un libro, pero que nadie compra. Éxitos de ventas que llegan a ser muy comprados, pero poco leídos. Críticos que no conocen el sistema de evaluación y asumen que "1 estrella" es lo mejor, cuándo es la calificación mínima -aunque su texto diga que el libro es maravilloso y útil-. El autor es la máxima autoridad en su libro, pero tiene que escuchar a los demás. El chiste es que no lo haga antes de terminarlo, sino una vez que lo ha publicado.

¿Se puede cambiar un libro ya publicado? Si. Si los cambios son menores, se trata de reimpresiones. Si son mayores, pero el contenido se mantiene casi igual -excepto en las secciones que reescribiste totalmente-, se trata de segundas o terceras ediciones. O más, si se requiere. Por ejemplo, esta segunda edición contiene más herramientas y corrige muchos errores de dedo -aparentemente en algunos capítulos subí los textos "crudos" y no las versiones editadas. Me equivoco también, perdón. Pero lo relevante es que en este mundo moderno con el *e-book* y la impresión *on-demand*, puedes cambiar un libro en cosa de horas. ¿Plutón ya no es planeta? Lo borramos de la lista. ¿Lo perdonan y vuelve a ser planeta? Lo agregamos a la lista. ¿Dices que algo que no pasará bajo ninguna circunstancia, y ocurre? Pues adecuamos el texto de volada.

Lo importante es que la máxima voz en el libro debe ser la del autor.

No tengas miedo, puede parecer absurdo o increíble: ¡No importa! Lo importante es lo que tienes que decir. Es cierto que pocas personas fuera del ambiente pueden entenderlo así. Que hay quien se ofenda y te dirá que no es cierto algo. Pero... El autor debe estar por arriba de las críticas.

Recientemente en Twitter se hizo tendencia mundial la frase "diez cosas que no debes decirle a un autor". Algunas las compartimos desde @gjsuap. Recopilamos algunas de ellas, y acá van:

"Bueno, una cosa es ser *escritor* y otra es ser *autor publicado*...".

"Ah, que padre es tu *hobbie*... eso de escribir se me antoja mucho también".

"Eso de pensar historias y escribirlas no es difícil".

"No entiendo porqué hay veces que escribes 10 hojas en una hora y luego una hoja en 10 horas".

"Tengo varias ideas para tu libro que lo harán un éxito, si me haces caso".

"Deja lo que estás haciendo y ve por un litro de leche para el niño. No tardes".

"¿De verdad tienes que ser tan antisocial cuándo escribes?".

"No encuentro tu libro en ninguna librería" (Los míos están en autor.gjsuap.com).

- "¡Ya estoy esperando tu siguiente libro!"
- "¿Te gustó el anterior? "
- "No lo he leído, pero...".

"¿Y no me vas a regalar un ejemplar? ¡Yo siempre leo lo que me regalan!".

- "Así que tienes un blog y un libro..."
- "4,000 entradas y 4 libros" (en gjsuap.com).
- "Pero es tu *hobbie*..."

- "Lo compraría pero es que un *ebook* no es un libro".
- "Lo tengo impreso..."
- "Prefiero el *ebook*".

- "Es que tu libro es muy corto..."
- "Tiene 300 páginas"
- "Es que tu libro es demasiado largo".

- "Tu no eres escritor; para escritor, la Poniatowska"
- "Es plagiaria"
- "¡Pero ella SI es famosa...!".

"Ya terminé de leer a Yuya. Ya puedo empezar a leerte, PAPÁ..." (Historia real).

- "Deberías regalar unos capítulos gratis".

- "Lo hago si se suscriben al boletín gratuito..." (en <u>ClaraSandra.com</u>)
- "NO: gratis *gratis*".

"Bueno, JK Rowling le contaba *Harry Potter* a su hijo para dormirlo sin cenar, porque eran muy pobres..."

- "Necesitamos una carta de *seudónimo* autorizándote la publicación".
- "Soy yo".
- "Necesitamos una carta de *seudónimo* autorizándote la publicación"... (Historia real).

"¿Sabes? Nos interesa mucho tu libro. Pero tenemos calendario editorial lleno hasta 2017" (dicho en 2014, historia real)".

Así que... recuerda: ser autor es, ante todo, un gran esfuerzo de autodisciplina y de paciencia. Que nada te frene, ni te distraiga. Recibe la crítica positiva, la que te ayude a mejorar. La demás... ignórala. Tu libro es tuyo, de nadie más. Eres el autor, y mandas en él con la misma autoridad que un rey absolutista.

Busca apoyo

De acuerdo. Tu eres el autor y eres la máxima autoridad en tu libro. Pero... aún no tienes listo tu libro. Es apenas una idea. O un esquema u *outline*. O un par de capítulos o diez fichas. O el 50% del texto final. O tres borradores distintos de dos escenas. No está terminado. Acaso ya es un primer borrador, pero te da miedo revisarlo. ¡Vamos! Si ya estuviera listo, lo más probable es que no estuvieras leyendo este texto, sino preparando su lanzamiento o promocionándolo en redes sociales. Estarías haciendo otra cosa.

Esta última sección de los consejos, previa a entrar formalmente al método "Escribe Hoy", está pensada para recordarte qué herramientas te pueden ayudar para avanzar en tu texto. Veamos algunas de ellas:

Guías.- Se trata de pequeños manuales o libros, como éste, que se enfocan en darte algunas ideas concretas para ciertos pasos en particular. ¿Cómo hacer un esquema u *outline*? ¿Cómo trazar un personaje? ¿Qué debes hacer en una escena? ¿Cómo crear suspenso y darle variaciones a tu argumento, sin caer en lo imposible o en la intervención divina como única explicación? ¿Qué información debe tener tu libro de no ficción y en qué orden presentarla? Busca esas guías, particularmente puedes encontrar buenos materiales en Amazon.

Talleres.- ¡Oh, si! Los humanos somos humanos porque nos reunimos con otros humanos para hacer tareas socialmente. Sea para aprender observando, mediante clases y exposiciones, aprender haciendo; o bien para obtener retroalimentación y apoyo, crítica honesta o porras sinceras. No es el recurso de alta tecnología, pero sin duda sigue funcionando igual que en la edad media: juntar personas con experiencia y conocimiento, con otras menos experimentadas, a fin de que se mejoren mutuamente. Busca en Internet, en Casas de la Cultura o en escuelas cerchas talleres literarios en los que puedas participar.

Grupos.- Son parecidos a los talleres, excepto por dos características: no hay alguien "experimentado" que lleve el taller o que "pula" a los aprendices, sino que todos juntos van retroalimentándose y compartiendo. En ese sentido, los mejores los puedes encontrar en Facebook o en Google+. No te recomiendo uno en particular porque depende de tu nivel de experiencia -novato o premio Nobel- y de los intereses de tu área. Pero puedes buscar alguno que te interese, y de preferencia en dónde ya conozcas a algunos miembros. Yo participo en al menos cuatro distintos, y vaya que me han servido. Y si, hay uno de Escribe Hoy, aunque es pequeño aún. Es un grupo cerrado -lo que implica que solo los miembros podemos ver las publicaciones- pero basta que pidas tu inscripción para incorporarte. Busca **"Escribe Hoy"** o entra directamente a https:// www.facebook.com/groups/155809418160689/

Lectores Beta.- ¡Uff! Si desnudarse ante otra persona no es fácil, entregar un borrador que consideras listo a una persona con ánimo de que te de sus comentarios y observaciones, es más complicado aún. Pero un paso necesario. Decíamos que en temas académicos debes tener al menos tres lectores beta *ex-oficio* -que no lo hagan por trabajo-, además de tus revisores formales de parte de la escuela. Pero en todos los demás temas son bienvenidos. Entre más, mejor. Por ejemplo, antes de circular *"Clara Sandra solía soñar"* de manera comercial, me aseguré que al menos 15 personas lo hubieran leído y me dieran sus impresiones. Algunas las tomé literalmente al pie de la letra -borré casi 1/3 de un capitulo- y otras las ignoré. Al final, apenas con 7 de mis lectores beta -más mi editora- pude tener un beneficio de haberlos esperado, pero el libro es mejor gracias a ello. En *"El tesoro de Cuauhtémoc"* el reto fue mayor, porque les di siete días para hacer la revisión. Aún así, 10 personas participaron y 80% dijeron que era "buena/muy buena" -a pesar de lo que me dieron al menos 15 observaciones graves o importantes, y casi 139 notas menores desde errores de dedo hasta acentos mal puestos-. Y todos fueron voluntarios. Nada como pedir apoyo.

NaNoWriMo.- Si la presión y la rendición de cuentas es lo tuyo, te recomiendo que en Noviembre te inscribas al reto que implica el *National Novel Writing Month* (NaNoWriMo, o "Mes Nacional de Escritura de Novela"). En él, el reto es escribir un texto de al menos 50,000 palabras en un mes -unas 1,667 diarias-. Pero la rendición de cuentas, el seguimiento de varias personas simultáneamente y el interés de lograr esa meta te hacen cumplir tu meta diaria o semanal, y procurar completar el reto. Adicionalmente, es gratis y ofrece recursos como talleres, grupos y lectores beta. Puedes buscar más detalles en el sitio nanowrimo.org Funciona todo el año, pero el punto fuerte es el reto anual de noviembre. En la edición de 2014 participaron casi 500,000 personas de todo el mundo, pero menos de 40,000 cumplieron su meta. Y sí, lo que obtienes es un primer borrador, pero en enero el reto es revisarlo y dejarlo listo para publicarlo, febrero para formatear y revisar y en marzo debe estar publicado. Obviamente, si así lo prefieres. En mi caso, estaba listo para inscribirlo en un premio antes del fin del mismo año.

Coaching.- Algo así como la rendición de cuentas y la presión del NaNoWriMo, pero para ti solo, diariamente y en cualquier momento del año. Mi recomendación es que lo hagas vía Coach.me, que permite tener interacción diaria y el seguimiento de tus metas para ti y para tu *coach*. La aplicación corre en celulares, tabletas o sitio web, por lo que en todo momento tendrás tu *coach* a la mano. El costo es muy bajo en proporción a otras alternativas. También puedo ayudarte con eso, y los detalles los encuentras en el sitio de Escribe Hoy (http:// escribehoy.com)

Asesoría Escribe Hoy.- El último recurso, porque tiene más costo y una capacidad limitada. Pero el equipo de Escribe Hoy puede apoyarte en cuatro pasos de tu escritura: desarrollo del esquema de tu libro, servicios de edición y corrección, diseño y formato, e impresión on-demand o lanzamiento como e-book. Por supuesto, hay una opción de servicio completo que abarca las cuatro etapas del proceso, y obtienes un descuento por contratar todo el servicio. Los detalles los encuentras en EscribeHoy.com , sitio en dónde también puedes encontrar ligas directas y más recursos sobre estos temas.

Método "Escribe Hoy"

Introducción

Esta es la parte medular de Escribe Hoy. Haz llegado a la descripción detallada, paso por paso y con ejemplos, de cómo es posible escribir un libro entero en cosa de días, sin bloqueo de escritor, en bloques pequeños y perfectamente editado.

El **Método Escribe Hoy** consta de cuatro pasos muy claros, que describimos a continuación y que detallamos en las siguientes secciones:

1.- **Estructura**. Decides de qué vas a hablar, cómo lo vas a decir y cómo lo vas a presentar. Haces un bosquejo, estructura u *outline*, que tendrás completo como guía antes de empezar a escribir. Lo ordenas de acuerdo a un criterio que le de coherencia a tu estructura.

2.- **Escritura**. Tomas preguntas clave y las palabras clave para las respuestas, contestas cada una en cinco minutos, sin pausa y sin editar. Todo es escribir contra reloj y rellenando la estructura previamente diseñada. Finalmente, retiras las preguntas y revisas que todo encaje bien. Si falta algo o el texto no fluye bien, lo ajustas.

3.- **Edición**. Revisas ortografía y redacción, que no haya palabras redundantes -a menos que sea intencionalmente- y que esté clara la coherencia de las ideas. Cada párrafo es autocontenido y las referencias a otros párrafos son claros. Y, para finalizar... editas de atrás para adelante.

4.- **Envío**. Verificas que el formato del texto sea coherente, que los estilos de títulos y subtítulos sean adecuados, que las numeraciones de secciones y capítulos sean correctas y, en su caso, que el formato de salida sea el adecuado: procesador de textos, PDF, e-book, Kindle o el que se requiera. Revisas que el documento final pueda utilizarse en otra máquina distinta a aquella en que lo escribiste.

Listo. Si lo entiendes a la primera o segunda lectura, ¡Felicidades! En menos de dos minutos has descubierto cómo mejorar tu escritura de manera fácil y rápida. Comprendiste ya el fondo del método Escribe Hoy. Es cosa de aplicarlo. Ahora, si quieres que hablemos más a detalle de cada paso, qué contiene y cómo se logra... lee las siguientes secciones, en dónde ahondaremos más en cada paso.

Escribe Hoy: 1.- Estructura

¿Te has preguntado por qué los edificios altos se mantienen en su lugar? Si, por la estructura. Cuándo apareció el acero como elemento arquitectónico, pudimos hacer edificios más altos cada vez. Claro que también ayudó el elevador, que permite "viajar hacia arriba y abajo" con poco esfuerzo. Pero desde antes, los andamios de tubo y la cimbra de madera ayudaban a poner muros y lozas de techo, incluso en las casas más humildes.

¿Cuál es el objetivo de la estructura? Mantener los materiales en su lugar, a la altura necesaria y con la vertical requerida, en lo que agregas materiales blandos que se irán endureciendo poco a poco. Una vez que el cemento o el concreto están fraguados y secos, se retiran las estructuras de apoyo y listo: la construcción se mantiene erguida y no se nota que tuvo, alguna vez, un soporte adicional.

El **Método Escribe Hoy** empieza por reconocer que debes tener una estructura clara y bien diseñada aún antes de empezar a escribir. Tal vez con la excepción de poesía, que tiene otra lógica en su creación, una tesis o un libro de cómo hacer algo e incluso un ensayo o novela, si están bien hechos, deben tener una estructura clara y nítida. Y mejor si, una vez que están terminados, ésta es invisible para el lector.

Adicionalmente, si sabes qué pasará o de qué hablarás en tu libro en todo momento, no tendrás bloqueo de escritor. Ya sabes a dónde vas y qué hace falta. Por lo tanto, las ideas pueden fluir en su lugar.

Veamos como ejemplo una novela: sabes cuál es el conflicto que quieres que el protagonista enfrente. Vencer un miedo. Enfrentarse a un rival. Descubrir un secreto. Recorrer un camino real o figurado: ir a Nueva York o madurar el luto de la muerte de su madre. Si no hay conflicto, tienes únicamente una pieza descriptiva. Una novela requiere un conflicto.

¿Por qué va Caperucita Roja a ver a la abuelita? Porque sus padres no querían o no podían ir. Porque era una niña obediente y le pidieron que fuera. Porque podía pasar por el pequeño sendero del bosque, que para un adulto no era transitable. Porque es un símbolo de la inocencia pasando por las peores condiciones sin percatarse de los peligros. Porque amaba a la abuelita. No importa el motivo: el conflicto arranca cuándo Caperucita no quiere compartir pan con el lobo, y éste, conocedor del camino, llega antes a casa de la abuela y - según las versiones- se la come, o la encierra en el clóset, o la deja en el sótano. ¿Cómo se resuelve el conflicto? Porque el leñador llega al rescate. Es decir, la anécdota es simple y lineal, pero puede llenarse de tantos detalles como se quiera.

¿Era el lobo un devorador de hombres? ¿Podía hablar porque era una fábula? ¿El cazador era el novio de la abuelita y la iba a buscar pensando que no había nadie? ¿De verdad la abuelita era tan fea que parecía un lobo, o el lobo era tan humano que no se distinguía de una dulce anciana...? Como ves, cada pregunta agrega partes a tu historia, lo que eventualmente hace que vaya fluyendo de manera natural. Puedes detenerte a analizar la psique del lobo por 20 páginas si quieres: el lector se aburrirá o se meterá a acompañarte a ese recorrido. Pero si cada párrafo explora un aspecto de esa mente lobuna, se percibirá orden y una progresión en las ideas.

Albert Einstein desarrolló su Teoría General de la Relatividad basado en una pregunta. ¿Qué pasaría si viajara en un rayo de luz? Dado que es lo más rápido del universo, el tiempo parecería detenerse para quien esté subido en él, en tanto que para los demás fluiría normalmente. Luego, el tiempo es relativo.

Isaac Newton es famoso porque, según la leyenda, una manzana le cayó en la cabeza mientras dormitaba; y se preguntó qué fuerza podría detener la luna en el cielo pero tirar la manzana al suelo. Y preguntándose sobre ello, planteó la Teoría de la Gravedad y las Leyes del Movimiento.

El punto fundamental de estos ejemplos es el siguiente: son las *preguntas* las que guían el desarrollo de los argumentos. Si Caperucita no puede distinguir entre un lobo y su abuelita, ¿Es porque ve mal? ¿Es porque el lobo se disfrazó? ¿Es porque la casa estaba obscura? ¿Es porque no conoce a la abuelita? Cada pregunta *induce* una respuesta diferente, pero a la vez alimenta la historia. Tampoco la abuelita notó que no era su nieta, sino un lobo el que la atacaba, así que la debilidad visual es un argumento que puede unir a la familia. Pero también el hecho de que una dulce ancianita viva sola en el bosque, pude justificar la historia de que se trata de una *Wicca* y por eso pueden oír hablar al lobo y...

Las preguntas guían tus ideas. Formarán la estructura. Plantear preguntas interesantes y que se van conectando unas con otras mantendrán tu texto fluyendo, con una dirección clara y con una guía clara sobre los temas que tratarás, sea la historia de la relación entre la abuela y el lobo o la existente entre la manzana y la luna en el caso de Newton.

Ya lo citaba antes: Ted Dekker dice que "una historia es una serie de eventos que involucran personajes interesantes que cambian como resultado de esos eventos".

Las respuestas... las respuestas deben tener al menos tres palabras clave que ayuden a inducir la dirección correcta, y que resuenen en la mente del lector como términos necesarios para responder esa pregunta de manera adecuada. En el ejemplo de Newton, son manzana, luna y Newton. Nadie puede ubicar la anécdota sin una manzana. Pero Newton y manzana a secas pueden implicar un pay, o un manzanar... sin la luna, no están bien resueltas.

En el cuento, "lobo, disfraz, engaño" pueden responder a la pregunta de por qué Caperucita no reconoció a su abuelita. Pero también pueden ser "lobo, mala vista, obscuridad". O "lobo, cobija, disfraz". Nota como las tres pueden ser correctas, pero también que cada combinación de palabras induce una respeta diferente: la primer tercia es muy directa y describe lo que pasa; la segunda nos habla de condiciones que afectan al ojo y la visión; la última tercia pone el énfasis en las telas que aparecen en la escena. La misma pregunta, tres posibles respuestas que llevan la historia por tres vertientes distintas. Y según la que utilices, le darás una personalidad distinta al cuento, aunque la anécdota sea siempre la misma: la niña no puede reconocer que está frente al lobo y no frente a su abuela.

Así que el primer paso del **Método Escribe Hoy** consiste en plantearte preguntas y sus palabras clave para responderse.

Paso a paso

1.- Plantea al menos 18 preguntas por cada capítulo que desees responder para exponer la historia.

2.- Recuerda que las preguntas pueden incluir: ¿Qué....? ¿Quién...? ¿Cómo...? ¿Cuándo...? ¿Dónde...? ¿Por qué...? O ¿Para qué...?

3.- Ordena las preguntas en alguna de las estructuras principales: De lo particular a lo general, de lo general a lo particular, causa-efecto, cronológicamente.

4.- Incluye debajo de cada pregunta tres palabras clave que deberá contener la respuesta.

5.- Borra tres preguntas, para dejar tu capítulo en torno a 15 preguntas nada más. ¿Cuáles se borran? Las que parezcan redundantes, las que tuviste que meter a fuerzas, las que no encajan bien en la estructura principal que escogiste.

6.- Repítelo tanto como lo necesites, sabiendo que cada capítulo debe tener una idea central explicada en las 15 preguntas.

Un artículo periodístico puede tener tres preguntas en lugar de quince. Un ensayo está bien con diez preguntas. Un trabajo escolar, dependiendo de la meta de palabras pedidas. Una novela puede tener 20, 25 o 30 capítulos, cada uno con su conjunto de preguntas. Y una tesis tiene cinco secciones principales: introducción, revisión de teoría, explicación de caso práctico, aplicación de teoría a caso práctico y conclusiones, sabiendo que las tres secciones centrales pueden tener más de un capítulo. Recuerda que con este método obtendrás de 8 a 12 páginas por capítulo, lo que es suficientemente largo para que la historia o la información avancen, y no tanto que requiera más de 15 minutos para leerse. Es la longitud ideal para mantener el interés del lector y hacerlo sentir que "vuela" a través del texto.

Los pasos a detalle

1.- Plantear preguntas. El hecho de plantear preguntas facilita ver la evolución de tu argumento. Con cada pregunta guías las ideas y señala a dónde van a llegar. Ahora, imagina que tienes toda la historia ya desarrollada. No los detalles, no las descripciones, no los personajes: la historia. Sabes en qué momento habrá un descubrimiento, cuándo enfrentarán un reto, cuándo conocerán a alguien, cuándo explorarás sus motivos interiores... Pero también es válido para una exposición de ideas: sabes cuándo hablarás de un antecedente, de cuándo una idea influyó el desarrollo de un aspecto del fenómeno que estudias, cuándo describirás cierta conducta que estás analizando... Queda muy claro qué quieres decir y evita que divagues. Tus historias o argumentaciones se mantienen ordenadas y claras.

Pero al tiempo que te ofrece estructura y un guión muy ordenado antes de empezar a escribir, plantear únicamente las preguntas te da la libertad creativa que necesitas para no sentirte atado de manos: en cada respuesta podrás ampliar o detallar ideas, detenerte a describir una flor o un atardecer; decir por qué no coincides con cierto autor... puedes dejar fluir tu libertad creativa pero en bloques pequeños, que evitan que parezca que no sabías que decir y dijiste "algo", para más adelante incluir otra divagación sin sentido.

2.- Las preguntas. Una buena pregunta añade un dato fundamental a lo que quieres decir. Es una pieza más al rompecabezas que el lector va armando en su cabeza. ¿Qué....? ¿Qué pasa, qué sucede, qué acontece...? ¿Quién hace, quién dice, quién piensa, quién siente...? ¿Cómo se hace, cómo tomó una decisión, cómo realiza un proceso...? ¿Cuándo pasa la acción, cuándo tomó una decisión, cuándo está ubicada la escena...? ¿Dónde estamos, dónde vamos, dónde queremos estar...? ¿Por qué actúa el protagonista como actúa, por qué no escogió otra opción, por qué se encuentra desesperado...? ¿Para qué intenta hacer eso, para qué se acerca a alguien tan peligroso, para qué renuncia a su trabajo...? Cada pregunta añade más datos a la acción o más información a la explicación.

De hecho, para cualquier pregunta que puedas plantear, encontrarás tarde o temprano que incluye algunas de esas seis palabras: qué, cómo, dónde, cuándo, por qué o para qué. Todas las más importantes aportaciones filosóficas, teorías o consejos prácticos tienen alguna de esas preguntas como punto de partida.

Cada pregunta plantea un motivo, un actor, una acción, un pensamiento. Por eso las preguntas te dan la estructura. Siempre aportarán algo... excepto tal vez en el caso de aquel chiste:

- Estoy muy enojado. Me hicieron padecer mucho.

- ¿Por qué, cuándo, dónde, cómo, quién...?
- Porque cuando en donde como no atienden rápido, me da más hambre y me enojo con quien me atiende.

3.- Estructuras principales. Comentamos que hay cuatro estructuras importantes para organizar tus preguntas: de lo particular a lo general, de lo general a lo particular, causa-efecto, cronológicamente.

"De lo particular a lo general" lo que hace es tomar un caso muy pequeño y muy local, y a partir de allí ir proyectando a escenarios cada vez más grandes. Puedes empezar la narración de tu escena con un niño jugando en una casa de determinada manera, y luego mostrar que en otras casas, en otras calles, en otras ciudades y en todo el planeta los niños hacen lo mismo: un juego. Y si ese juego es extraño o atípico, ya pones las bases para abordar un fenómeno interesante que será lo que describes en el capítulo o incluso en el libro.

En el caso de una tesis, por ejemplo, este esquema implica empezar analizando un caso individual o local muy concreto, e ir ampliando la explicación hasta llegar al mismo fenómeno en su escala nacional. Pasas de cómo una calle pintada de *grafiti* es una expresión de un fenómeno de inseguridad local que, conforme avanza tu exposición, se vuelve un caso de inseguridad en el país.

"De lo general a lo particular" hace lo contrario: toma un fenómeno general y de allí va bajando hasta analizar un caso concreto. Puedes empezar hablando de los mamíferos, luego de los mamíferos domésticos, seguir con los gatos en general, luego con la raza de tu gato en particular y terminar hablando de tu gato. Cada "escalón" puede ser tan largo como lo requieras, pero el objetivo final es demostrar cómo tu gatito hace lo mismo que todos los animales del mundo: come y duerme, por ejemplo. Pero la manera en que lo hace lo caracteriza como un ser único.

"Causa-Efecto" nos lleva a una estructura en la que una cosa sucede porque otra sucedió antes, y una anterior a esa, y una previa a la anterior y... una pasa porque sucedió la otra. Y dado que pasó algo, tuvo una consecuencia.

Este estilo se entiende muy bien si se trata de narrar una historia: Caperucita debía llevar el pan a la abuelita que vivía lejos y sola. Como debía llevar la canasta y tardar poco, pasó por el atajo en el bosque. Como pasó por el bosque, se encontró al lobo. Como le negó la comida al lobo, el lobo se adelantó a casa de la abuela. Como el lobo llegó primero... Bueno, la idea ya está clara. Si Caperucita no hubiera tomado el atajo, no se encuentra al lobo en el bosque y la historia sería diferente. Y tal vez carecería de interés: una niña mensajera no es nada nuevo ni interesante. Una niña mensajera que se encuentra a un lobo que habla... bueno, eso es otra historia.

Pero también el modelo funciona bien para textos del tipo "cómo hacer". Si enseñaras una lección de plomería, digamos, reemplazar un grifo, un primer paso es diagnosticar el problema, luego conseguir la herramienta, comprar las refacciones, cerrar la línea de agua, desmontar la pieza fallida, colocar la pieza nueva, verificar que no haya fugas, abrir la línea, verificar nuevamente que el agua no salga por donde no debe escapar pero si esté donde se requiere, recoger el tiradero. ¿Sencillo, verdad?

Ahora, si cada uno de esos pasos lo transformas en preguntas, puedes tener la lógica para tu capítulo sobre reparación de grifos muy clara como un proceso de causa-efecto. Y de manera similar si narras la historia de Caperucita Roja: porque pasó una cosa, pasará la siguiente.

"Cronológicamente" lo que hace es describir los eventos como una secuencia en el tiempo. No necesariamente un evento causa el siguiente. La primavera no es causada por el invierno, pero tampoco causa al verano. Uno ocurre primero y el otro después, y lo que sucede en uno puede afectar a lo que sucede en otro, pero no por efecto de la causalidad.

Este es ideal para narrar o hacer crónicas, por ejemplo: pasó algo en marzo y otra cosa en abril; mayo tiene otro clima y otros eventos. No necesariamente se causan unos a otros, pero tienen una relación entre sí que tus preguntas deben considerar.

Ahora, dirán y con razón que no hay estilos puros. En efecto, algo puede ser particular a general y tener una razón de causalidad. El primer organismo que evolucionó una especie de ojo tenía ventajas que los demás no, por lo que la visión empezó a desarrollarse gradualmente, cada vez más compleja, de una especie a otra. Así, los calamares tienen ojos tan grandes como una cabeza humana; las águilas tienen una visión de decenas de kilómetros y las moscas ven "en panel". Y yo uso lentes. Todas se parecen, las formas más sencillas se encuentran más atrás en el tiempo, y no necesariamente unas son mejores a otras. Y todos estos fenómenos se pueden analizar de particular a general (del "ojo de la mosca" a "la visión"), de general a particular (de "la visión" al "ojo de la mosca"), causa-efecto (como vuelan alto y rápido, las águilas necesitan ojos agudos a la distancia; como corren peligro, las moscas requieren ojos en múltiples direcciones) o cronológicamente (primero células fotosensibles, luego ojos rudimentarios, luego ojos altamente especializados, y luego... mis ojos con lentes, algo que la Naturaleza no creó).

Por ello, la manera en que escojas hacer tus preguntas inducirá tus respuestas, y el estilo que escojas hace tu libro propio. Y sí, se vale que de entre las 15 preguntas, diez sean de un modo y dentro de ellas en 5 abordes otro modelo. Insisto, la idea es dar estructura; eso no implica que todos los edificios - o, en nuestro caso, todos los libros- sean idénticos unos a otros o que debas fijarte en un único modelo.

4.- Inducir respuestas. El siguiente paso es que, una vez que tienes tus 18 preguntas, escojas las tres palabras que mejor respondan esas preguntas. La idea es que esas palabras sean clave para la respuesta, que te permitan construir una respuesta clara que las incluya en su primer párrafo. Esto te permitirá más adelante tener un punto de partida para el siguiente paso, que respete tu creatividad pero te permita mantener la estructura en tu argumentación.

5.- Borrar preguntas. Si, haz batallado para incluir 18 preguntas en cada capítulo. Y ahora te pedimos que borres 3. ¿No era mejor escribir 15 desde el principio? No. Y hay un motivo para ello: al ampliar el número de preguntas, hemos forzado a tu cerebro a analizar distintos aspectos del problema o de la historia, hasta estar seguro de que los ha cubierto todos. Además, algunas de las preguntas que incluiste seguro que fue difícil de incluirlas: tal vez lo hiciste para forzarte a llegar a 18, o para ahondar de más en algún detalle absurdo. "¿Cómo era el punto del borde de la capa de Caperucita?" Esta pregunta puede no aportar nada valioso al capítulo, pero más adelante puede explicar por qué la capa pudo detener al lobo una vez que lo amarraron con ella. Aunque tal vez sea cierto y no aporte nada valioso. Pero eso lo verás hasta que tengas toda la estructura del capítulo completo. Tal vez "roja" sea la descripción más detallada que darás de la capa de la niña; o tal vez decidas describir con lujo de detalle los bordes de flores bordadas y el doble remate en punto inglés del filo de la capa... Eso es tu decisión. Deja sólo quince preguntas. Pondera si el detalle del pelo del lobo y de la capa de la niña son relevantes para tu historia o si puedes borrarlos.

¡Listo! Tienes la estructura de tu capítulo listo. En este momento debes tener 15 preguntas con al menos 45 palabras o frases clave para responderlas. Es suficientemente largo para mantener el interés de un lector, y lo suficientemente corto como para que digas algo interesante y directo al punto.

6.- Repite. Haz el mismo procedimiento para cada uno de los capítulos que quieras lograr. Recuerda que una novela de 70,000 palabras tiene aproximadamente entre 170 y 200 cuartillas, es decir, unos 20 capítulos de 10 hojas cada uno; una buena tesis académica tiene 5 capítulos principales -más anexos- y unas ochenta a cien páginas de texto total (más anexos). Es posible en ese caso que tengas tres o cuatro capítulos dentro de una misma sección. Por ejemplo, en la revisión teórica puedes tener los antecedentes clásicos, las revisiones modernas y los aportes o teorías recientes. Así, en un texto sobre Economía puedes hablar desde Aristóteles y Adam Smith hasta el Monetarismo en el primer caso; de los años 1970 al 2010 en el segundo y lo que que ha pasado en los últimos 10 años en cada caso. Para los autores clásicos, una pregunta por cada uno basta (¿Qué decía Aristóteles sobre el valor del trabajo? ¿Qué decía Adam Smith sobre el valor trabajo? ¿Qué decía Marx sobre el valor del trabajo?) Recuerda que no se trata de copiar todo El Capital ni de analizar lo que dice Meikele de la opinión de Aristóteles sobre el valor del trabajo: se trata de presentar un breve resumen de cada uno. Por supuesto, tu estructura puede ser diferente y preguntar "¿Qué dicen diferentes autores sobre el valor del trabajo? ¿Y sobre la acumulación de capital?" y en cada una contestar una o dos líneas sobre el tema resumiendo las diferencias entre Aristóteles, Smith y Marx.

Un manual o guía práctica puede tener un capítulo para cada proceso o hecho. Y muchas preguntas se repetirán: tu dirás si agregas un capítulo de "preparación" otro de "procedimientos" y otro de "revisión final", o si haces un capítulo sobre reparación de grifos con preguntas sobre "preparación, procedimiento, revisión final" y otro sobre reparación de inodoros con preguntas sobre "preparación, procedimiento, revisión final". La decisión es tuya y recuerda: se vale repetir contenidos, siempre y cuándo cada capítulo sea autoconenido, es decir, no obligue a leer otros capítulos para entenderlo y las secciones diferentes queden bien indicadas.

Qué tienes

Perfecto, en este momento ya podrías ver la estructura de tu libro completa y terminada. Deberá verse, en el caso de una novela, como un conjunto de unas 20 páginas con unas 300 preguntas y 900 palabras clave. ¿Lo mejor? Ya sabes qué va a pasar en cada momento. Ya sabes dónde termina. Y es momento de acomodar esos capítulos como prefieras: empezar por en medio, luego contar los antecedentes y cerrar con un gran final (como en El Padrino o en la trilogía original de Star Wars); o contar cronológicamente la anécdota en un hilo de tiempo, pero desviando de cuándo en cuándo hacia recuerdos o anécdotas adicionales de los personajes... como prefieras. Puedes mover preguntas de un capítulo a otro, o de una sección a otra; puedes mover capítulos enteros de un lugar a otro. Dale una imagen final a tu estructura, antes de empezar a poner los componentes faltantes.

En el caso de una tesis, en este momento tu proyecto debe estar en torno a las diez páginas de preguntas, con unas 150 preguntas fundamentales por contestar, con 450 palabras clave aproximadamente (sin contar anexos ni datos). Un manual práctico debe tener tantos capítulos como consideres necesarios, pero aproximadamente de 15 preguntas cada uno. La longitud total del libro es tu decisión. Un artículo de periódico puede contestar un par de preguntas de fondo -aunque la respuesta ideal incluya contestar los seis términos: Qué, quién, cómo, dónde, por qué y para qué. Típicamente un artículo de blog contesta una pregunta por sección y tiene no más de tres.

Hemos concluido con el paso 1: estructura. Ahora toca el momento de completar el edificio: pongamos el contenido en su lugar.

Escribe Hoy: 2.- Escritura

Ya que llevas tanto tiempo pensando y trabajando la estructura de tu libro, ahora es momento de empezar a llenarla. Y verás que con el método "Escribe Hoy" lo harás de forma rápida y efectiva. ¿Qué tan efectiva? Un capítulo puedes tenerlo listo, en primer borrador, en hora y media. Un libro completo en menos de un mes. Aunque si te dedicas más, puede salir en quince días con dos bloques de trabajo de dos horas diarias cada uno. Y todo ello sin sacrificar calidad ¡Nada mal!

No, no hay magia ni sorpresas: ¿Has visto cómo se construye un rascacielos? Tardan meses o años trabajando en los cimientos. Se ven excavaciones enormes. Pero ningún avance. Súbitamente, empiezan a alzar el cubo de elevadores y escaleras junto a las piezas metálicas de la estructura. Se nota más crecimiento. Y en lo que parece muy poco tiempo -tras ver años un hoyo y meses un cubo-, en cosa de semanas empiezan a instalar vidrios, cables, pisos. Parece que en un día se montan tres pisos enteros.

Tu ya hiciste la investigación o el pensamiento sobre qué querías escribir. Con el **Método Escribe Hoy** ya montaste la estructura: sabes que habrá en la entrada, que en el "piso" 5, en el 10 y al final. Tienes una idea de cuánto medirá y por qué es como es tu texto. No te extrañe que lo verás escribirse tan rápido. Ya hiciste lo más pesado. Y ya vas a más de medio camino -aunque apenas sea el paso 2-, así que confío en que tu impulso te estimulará a seguir hasta terminar pronto y bien.

Como en el capítulo anterior, te daré una descripción general paso a paso para que puedas volcarte a la tarea de inmediato, y luego una explicación de cada uno, por si tienes tiempo de pensar en los motivos. Aunque como eres un "autor con prisa", supongo que eso lo harás cuando requieras una pausa.

Paso a paso

1.- Escoge una pregunta. La que quieras. Puede ser la uno del capítulo uno o la quince del último capítulo. Cualquiera.

2.- Pon 5 minutos en tu cronómetro en cuenta atrás. Puede ser en un celular, en la computadora o incluso un reloj de cocina.

3.- Cierra los ojos y respira. Concéntrate. Entra "en la zona".

4.- Contesta la pregunta con las siguientes condiciones: Sin parar, sin editar, sin releer, como espejo, y usando las palabras clave en el primer párrafo.

5.- No pares hasta agotar el tiempo. Cinco minutos.

6.- Si terminaste con la idea y de verdad no puedes añadir nada más, pasa a la siguiente pregunta, reiniciando el cronómetro.

7.- Repite desde el paso 2, hasta agotar todas las preguntas del capítulo... o del libro.

8.- Al final, borra las preguntas. Deja las respuestas.

9.- Revisa si la parte en dónde antes había una pregunta se lee de manera continua con la siguiente, o si se nota muy brusco el cambio. Si ves que la conexión entre una respuesta y la siguiente está mal, tienes 2 minutos para agregar un párrafo puente.

Si haz cumplido el tiempo programado, en este momento tienes aproximadamente 10 páginas del borrador de tu libro terminado, en hora y media, con quince preguntas y 45 palabras clave incorporadas. Tus ideas fluyen bien y tienen estructura pero no está a la vista. Al lector le gusta lo que lee... *aunque* no sepa por qué. Repite el procedimiento hasta acabar todos los capítulos.

Y no olvides algo: la próxima vez que tengas 5 minutos libres... aprovéchalos. puedes contestar una pregunta. No tienes que hacer el libro en una sentada. No tienes que contestarlas en orden. Por ejemplo, si tienes un personaje que aparece en cinco preguntas del capítulo 5 y es el protagonista del 15, y tiene dos apariciones breves en el 19 y 21... puedes contestar todas las preguntas que lo involucren de un tirón. No tienes que escribir en orden. Porque como ya tienes la estructura, ese aparente "desorden" no es tal: tiene una lógica y un motivo. ¿Estás cómodo hablando del personaje? Síguele.

Por ejemplo, en "De hormigas a tiburones, una guía a la autonomía financiera personal", una vez que me encarreré hice cuatro capítulos de manera consecutiva, sin parar. Ocho horas frente a la computadora, escribiendo. Pero hubo un capítulo que me tomó casi quince días. Una pregunta en la mañana, a veces una en la noche, un día sin escribir y así.

En otro ejemplo, en "Clara Sandra solía soñar", novela de 70,000 palabras que ganó en el NaNoWriMo *(National Novel Writing Month)* 2014 por escribirse "de cero a cien" en menos de 30 días, el personaje del "Mapache Cucho" sólo apareció una vez en el proceso de escritura: todas sus intervenciones se resolvieron en la misma sesión, aunque implicó recorrer seis capítulos distintos. La ventaja es que, teniendo fresca su descripción, su acento, sus motivos, fue muy sencillo que el personaje mantuviera coherencia a lo largo de sus apariciones en el libro. Y si bien fue necesario reescribir algunos párrafos para darle consistencia con un giro de la historia que se resolvió de una forma diferente a la originalmente planteada, es un buen ejemplo de cómo "escribir en desorden" no implica hacerlo mal o tener un mal resultado. Es como en las películas: es posible que un personaje se filme solo en un par de días y en la edición se distribuye a lo largo de toda la historia.

Al escribir un post para mi blog Dichos y Bichos, tras escoger el tema, busco la palabra clave, el título y la imagen; planteo la pregunta que quiero contestar en el párrafo resumen y las palabras clave de la respuesta son las palabras claves y etiquetas del artículo. Pongo mi cronómetro en cinco minutos y empiezo la sección. En ese caso sigo escribiendo si se agota el tiempo, porque no hay un objetivo de páginas sino cubrir una idea completa. Luego, cambio la pregunta del resumen a una afirmación y añado palabras clave si fueron necesarias. Listo: una entrada completa en menos de 20 minutos por vez. Una versión comprimida del mismo método.

Tres motivos

Hay tres motivos para hacer esto de contestar preguntas "contra reloj":
* Tu cerebro lo entiende como un "*deadline*". Tiene un plazo para realizarlo y no puede distraerse en nada más. Por tanto, se concentra en la tarea a la mano.
* Como el plazo es breve, no te agobia tener que escribir una novela de

70,000 palabras en un mes: únicamente tienes que contestar una pregunta en los siguientes cinco minutos. Claro que al final repites el procedimiento 150 veces, pero sólo te concentras en los próximos cinco minutos. No te agobias, no te detienes.

- Escribes como hablas. Si, tu estilo se vuelve directo y franco. Es decir, si aprendiste a hablar a los tres años y a escribir a los siete; y hablas todo el día pero escribes una hora y media, al escribir contra reloj escribes como hablas. Y ese consejo no es mío. Viene de uno de los más grandes.

Isaac Asimov fue uno de los escritores más prolíficos. Tiene obras en 9 de las 10 principales clasificaciones bibliográficas Dewey, pues hablaba de literatura, historia, química, biología, política y, por supuesto, ciencia ficción (Nunca publicó poesía, es la que le falta). Para darnos una idea de sus logros, su libro número cien se tituló "Opus 100" y era un resumen... de sus primeras 99 obras. Lo mismo hizo con "Opus 200" y "Opus 300". Para el número 400 y 500 dejó de hacerlo. No llegó al seiscientos, pues "únicamente" escribió 515 libros... y unas 10,000 piezas sueltas de correspondencia, postales, artículos para revistas, y demás. Se dice que en algún punto tenía tres equipos de secretarias que cubrían su oficina al menos 12 horas al día, a las que les dictaba en paralelo libros o textos distintos tan rápido, que en lo que pasaban el borrador sin errores él dictaba a otra, igualmente rápido.

Le preguntaron alguna vez: "Maestro, ¿por qué escribe tanto?" Y respondió Isaac Asimov: **"Porque escribo mucho. Y cuando escribes mucho, no te da tiempo de detenerte a editar lo que escribes. Tienes que escribir como hablas. Y cuando escribes como hablas, escribes mucho"**. Y piensen que lo hacía en un tiempo en que no tenía computadoras como para editar un texto o buscar un dato faltante en el mismo lugar. ¿Escribir como Asimov? No lo he logrado, pero este consejo lo tengo presente siempre que escribo. (Me pasa al revés: hay quien me dice que "hablo como escribo").

Hay tres motivos para escribir contestando preguntas:
- El cerebro se explaya más al contestar preguntas que al empezar en blanco. Una vez que rompió la inercia, seguirse hablando del tema es más sencillo. La pregunta sirve como un punto de partida que evita el "bloqueo del escritor".
- Los párrafos que utilizan la pregunta y las tres palabras clave de respuesta son "mas fuertes" que el resto. Por lo tanto, el lector encontrará párrafos

"fuertes" y párrafos "débiles" intercalados, lo que le da al texto una sensación de olas del mar: tiene crestas y valles, puntos importantes y destacados además de datos complementarios y de relleno. Esto permite generar un ritmo agradable de lectura.

- Ofrece una estructura base para tu discurso: siempre sabes de qué vas a hablar, y cómo se relaciona eso con el resto del capítulo y del libro. Divagarás menos, pero no por ello pierdes libertad creativa.

En este momento, has entendido la fuerza del **Método Escribe Hoy**.

Los pasos a detalle

1.- Escoge una pregunta. Depende de cómo está tu ánimo ese día, de qué datos nuevos o noticias tienes que te han impactado o que quieres reflejar. De cuánto tiempo tienes disponible y si estás en las condiciones ideales para escribir o si quieres simplemente aprovechar un tiempo muerto. Tu decides con qué pregunta de qué capitulo empezarás. Una recomendación: utiliza una tipografía diferente para las preguntas y las respuestas. Esto te permitirá localizar las preguntas que aún no tienen respuesta de manera ágil. En mi caso, hago las preguntas en fuente Arial negrita, y las respuestas en Times New Roman normal. Una forma rápida de hacerlo es agregar un estilo que se llame "pregunta", distinto al texto normal.

Recuerda que, como ya tienes la estructura de tu libro terminado, es relativamente fácil trabajar en cualquier punto del mismo sin problema. Sé que hay colegas que utilizan un ritual diario para escribir. Por ejemplo, Hemingway no podía escribir nada antes de tomar su desayuno y dos cafés, leer el periódico y charlar un rato con su esposa. Entonces si, se perdía encerrado cuatro horas diarias en su estudio, sin que nada ni nadie lo interrumpiera. Al terminar, salía a comer y dedicaba las tardes a socializar, editar, navegar (en barco, no en la red), o a beber. Nada mal para quien decía: "Escribe ebrio. Edita sobrio". Pero sin su rutina no podía avanzar.

Entiendo y respeto a quienes lo hagan así, pero como tú eres un autor con prisa, aprovechar cualquier rato para avanzar es un gran consejo. Y cinco minutos a la vez bastan, siempre y cuándo te concentres en la tarea

2.- Pon 5 minutos en tu cronómetro. La idea es que durante ese lapso contestes la pregunta en que estás trabajando, sin parar y sin distracciones. En la metáfora del rascacielos que hemos usado, es como poner y afianzar una ventana. No es una tarea que dejas a medias, no puedes empezarla e interrumpirla. Si puedes dejar un piso inconcluso, o poner una ventana en el piso cinco y otra en el diez, pero no puedes medio poner una ventana. La pones toda o nada. Y 5 minutos bastan para contestar una pregunta.

Yo he encontrado que el plazo mínimo ideal para escribir es de unos 20 a 25 minutos, que me dan buen margen de contestar unas tres o cuatro preguntas. ¿Por qué, si 5 minutos multiplicado por 5 preguntas dan 25 minutos? Porque a ratos pierdes segundos que se vuelven minutos en revisar un dato antes de escribir, en verificar la coherencia de momentos como la hora del día, la época del año o el vestuario del personaje, particularmente cuándo escribes de manera discontinua. Cuándo puedo bloquear dos horas continuas en condiciones ideales, sale un capítulo a la vez en hora y media, en bloques de cinco minutos, con breves pausas cada 25 minutos y una más larga cada cuatro bloques (el método *Pomodoro* de administración del tiempo).

Recuerda que la justificación de tener un cronómetro es simular un *deadline* para tu cerebro. Casi todos sabemos que la noche previa a la entrega de un ensayo o un examen es más productiva que el resto del curso. No porque así lo sea, sino porque no tienes tiempo para procastinar: lo que debes hacer, lo haces ya. Si tienes cinco minutos por pregunta podrás contestar el equivalente a tres cuartos de página. Más que suficiente para cubrir una idea. Curiosamente, cinco minutos de escribir a máquina o en computadora son muy similares a escribir cinco minutos a mano: se escribe el mismo texto equivalente a tres cuartas partes de una cuartilla.

3.- Concéntrate. Cada quién tiene su forma para lograrlo. A mi me funciona cerrar los ojos y respirar en un ritmo de 4-7-8 por cuatro veces. ¿Cómo? Si: Inhalar durante cuatro tiempos, mantener la respiración durante siete tiempos, y exhalar sonoramente durante ocho tiempos. Repetir hasta cuatro veces. Nota que dice "tiempos", no segundos: si estoy algo apurado o muy alterado, siete segundos para retener y ocho para inhalar son mucho: basta con contar los tiempos al mismo ritmo. Recomendación adicional: inhalar y retener con la lengua pegada al paladar, exhalar con la lengua haciendo un tubo en el fondo de la boca. La idea es que esa respiración me calma, ajusta el ritmo cardiaco y prepara al cerebro para enfrentar el *deadline* que viene. Y no, no es que sea un genio: es un ejercicio de respiración que se utiliza en Yoga y, dicen, regula la presión, oxigena al cerebro y calma un poco. Ese es un buen estado físico para escribir.

4.- Contesta. La tarea es sencilla: por cinco minutos vas a escribir sin parar contestando la pregunta que estás leyendo. Esto te debe dar el equivalente a tres cuartas partes de una página de texto al final. Para que el método funcione, debes considerar las siguientes condiciones:

- *Escribe sin parar.* Ignora el celular -si puedes, ponlo en modo vibrar o apágalo-, desconéctate del Internet y cualquier otro distractor. Nada debe alejarte de escribir. Haz que tus cinco minutos sean cinco minutos de aporrear teclas y nada más.
- *Escribe sin editar.* Confía en ti: tu texto es bueno. Estás escribiendo como si hablaras, por lo que no te tienes que preocupar por buscar palabras rimbombantes, estructuras complicadas o formas novedosas. Escribe como hablas, y sin editar. No regreses ni repases el texto hasta que acabes el tiempo. Sólo se vale corregir errores de dedo o errores muy obvios (pusiste un nombre distinto a un personaje). Esos pueden distraerte demasiado. Todo lo demás, deberá esperar a la edición.
- *Escribe sin releer.* Hasta que termine tu tiempo, no puedes ver lo que has escrito. No el detalle. Procura ni siquiera ver lo que llevas avanzado. Si suena la alarma de los cinco minutos, termina ese párrafo. Haz de cuenta que estás en un examen y el maestro está supervisando cualquier movimiento y está presto a retirarte el examen. No pierdas tiempo.
- *Responde como espejo.* Este es un elemento fundamental. Si tu pregunta es "¿Cómo perdió México el territorio de Texas?" Tu respuesta debe empezar con "México perdió el territorio de Texas como se explica:..." Si tu pregunta es "¿Por qué Caperucita Roja se fue por el bosque...?" tu respuesta debe empezar con "Caperucita Roja se fue por el bosque porque...". Si tu pregunta es "¿Cuándo relacionó Newton la caída de la manzana con la luna?" tu respuesta debe empezar con "Newton relacionó la caída de la manzana con la luna cuando...".

Noten lo que estamos haciendo: al plantearle al cerebro una pregunta, responde con más facilidad que si le pedimos empezar algo sin referencia y con una página en blanco. Se acaba el bloqueo del escritor. Pero al contestar como un espejo, podemos más adelante borrar la pregunta y dejarle al lector un pilar de referencia *sin que sepa* que está allí. Entonces, de cuándo en cuándo encontrará frases iniciales en algunos párrafos que *parecen* contestar preguntas clave, pero la pregunta no es visible. Percibe una estructura, pero no la ve. Siente orden, pero no sabe por qué. Le das una gran experiencia, sin enseñarle el motivo para ello.

- *Usando las palabras clave.* Al usar las tres palabras clave en el primer párrafo de la respuesta, te aseguras que la pregunta estará contestada. Además, generas un párrafo fuerza: parece que tiene una pregunta importante y que la contesta bien. En la estructura de la obra, es la cresta de una ola. En los párrafos siguientes, explicas con más detalle, o continúas el diálogo, o das alguna referencia adicional de menor importancia. El valle de una ola. Luego encuentra otro párrafo fuerza que lo sube, y despacio vuelve a bajar. Así, el lector *siente* un buen ritmo, aunque no pueda verlo.

5.- No pares hasta agotar el tiempo. Una tentación común es asumir que "no hay nada más que decir sobre eso" o que tienes que escribir basura para rellenar el tiempo. No es cierto. No te detengas. Si la pregunta era relevante y está bien hecha, no necesitas nada más para inspirarte. Si no servía o tenía fallas... es el momento de corregirla al agregar algo más que la complemente. Recuerda que la edición es otro proceso diferente. En este momento se trata de escribir, y deberás hacerlo hasta agotar el tiempo.

6.- Avanza. Si en verdad terminaste, si consideras que no hay nada más que decir y te sobra tiempo, pasa a la siguiente pregunta. Recuerda reiniciar el reloj a 5 minutos. Es importante mantener al cerebro acostumbrado al ritmo y la presión de que está en una carrera contrarreloj. Particularmente porque es un primer borrador que luego editarás. Lo importante, por ahora, es completar las respuestas a todas las preguntas en el tiempo adecuado.

Por cierto, si se trata de un trabajo académico hay un detalle que debes tener en cuenta: si vas a citar un trabajo o un autor, *no lo hagas* durante el tiempo de la respuesta. Es decir: conoces lo que dice el autor. Por ejemplo, Adam Smith y la mano invisible: "...no los mueve la bondad, sino la búsqueda de su propio interés los lleva como guiados por una mano invisible a lograr el bienestar de todos". Escríbela así, en tus términos, como la recuerdas durante el momento de la escritura. DESPUÉS, durante la edición, buscarás la cita exacta, la fuente y lo reemplazas en el texto. Sé que muchos colegas dirán que "así no se escribe", pero realmente es mejor decir lo que tienes que decir, y luego documentarlo. Otra opción es copiar el texto que citarás ANTES de empezar a correr el tiempo. Lo mismo ocurre si requieres documentar algo más.

He visto personas con 1,000 fichas bibliográficas y de trabajo que no pueden terminar una página porque buscan y buscan cosas que, al final, no utilizan... Ahora, imagina que en una hora y media tienes el capítulo terminado. Y *después* documentas por tres días, si es necesario. Muy rara vez requerirás la cita exacta para desglosarla palabra por palabra; suele bastar con la idea que quieres comentar de inicio. En la edición puedes revisar, pero una vez que ya avanzaste. En el ejemplo de tesis que hemos comentado que en quince días completó totalmente, usamos esa técnica. Y obtuvo mención especial en su examen (no alcanzó la mención honorífica por el promedio, pero el texto le mereció alabanzas y recomendaciones de los tres sinodales. "Pocas veces se lee un texto tan bien estructurado" le dijeron).

Confieso que hay veces que me "salgo" del tiempo para buscar un dato adicional que hacía falta. ¿El resultado? Que he llegado a perder hasta una hora para localizar el dato, documentarme, incluirlo en el texto... para que, al final, el editor o un lector beta me diga: "Esto sobra. No hace falta aquí. No eres la Wikipedia. Eso es irrelevante para este argumento..." y tener que borrarlo.

7.- Repite. Escoge otra pregunta. La siguiente. U otra que se relacione con la misma idea que estés trabajando, en ese capítulo u en otro. O una tal que lo que acabas de escribir la pueda alimentar, aunque no sea contigua. O la siguiente. O la anterior. Cualquier otra. Cinco minutos, una nueva pregunta. Eventualmente, se te acabarán las preguntas.

8.- Borra las preguntas. Si, así es. Trabajaste arduo para crear tus 15 preguntas por capítulo. Te esmeraste. Batallaste tanto tiempo en hacer eso. Y ahora te pido que lo borres. Ya no las necesitas. Eres el albañil quitando la cimbra de madera, ahora que ya cuajó la loza y los muros están terminados. NO se necesitan más.

Cumplieron el rol de enseñarte la estructura del texto, de mostrarte el plano de la casa. Dónde iría cada parte en tu documento final. De soportar tus ideas. Adicionalmente, le dieron a tu cerebro un punto de partida para escribir sin el "bloqueo de escritor". Te dieron ideas fuerza y ritmo. Ahora, es momento de borrarlas.

No te apures: si hiciste el espejo *literal* de cada pregunta, están allí, pero en forma de afirmación. No se desperdició ni el esfuerzo ni el trabajo. Si, al final, en algún párrafo preferiste otra forma de iniciar o de abordar la idea, no importa: nadie extrañará la cimbra una vez que la loza se sostiene sola.

9.- Agrega párrafos puente. Hay veces en las que una vez que retiras las preguntas, los párrafos que quedan juntos -el párrafo final de la pregunta anterior y el inicial de la siguiente- se ven mal juntos, parece que algo falta. Si ves que la conexión entre una idea y la siguiente está mal, tienes 2 minutos para agregar un párrafo puente.

Un ejemplo: Si una pregunta pedía describir a Caperucita Roja, y la siguiente preguntaba detalles del lobo, posiblemente falte un puente entre los dos, algo como "esta hermosa niña contrastaba con el monstruoso animal que la asechaba..." Como ves, esa pequeña línea permite pasar de la descripción de Caperucita a la del lobo, de una manera natural -un poco exagerada en este ejemplo-, sin que el lector se pregunte, ¿Qué tiene que ver la descripción de la niña con la del lobo? A eso nos referimos con pequeños puentes, de unas cuantas líneas, en caso de que al borrar las preguntas se note demasiada desconexión entre los distintos párrafos.

Qué tienes

Una vez efectuado el proceso de contestar preguntas, tendrás un capítulo de entre 8 y 12 páginas totalmente autocontenido, es decir, concluido y cuyas referencias hacia adentro están totalmente cerradas. Faltará, en su caso, editarlo -nuestro siguiente paso- y, eventualmente, ver las referencias hacia otros capítulos que solo podrás definir una vez que todos estén escritos.

Una vez que concluyas todas las preguntas, deberás tener un texto de aproximadamente 100 a 300 cuartillas -dependiendo del número de capítulos- a razón de 10 páginas por capítulo en promedio. La idea es que la tipografía, los diálogos, los cuadros, gráficas o imágenes pueden alargar el texto, pero tenemos una aproximación de la longitud total.

La ventaja es que cada capítulo es lo suficientemente corto como para mantener al lector leyendo y sintiendo que avanza, y lo suficientemente largo para aportarle, al menos, 15 ideas claras: ideas fuerza, bien documentadas y bien escritas, y la sensación de que hay ritmo en tu texto. Nada mal. Y, por si fuera poco, este primer borrador te habrá "costado", en términos de tiempo, entre hora y media y dos horas por cada capítulo, unas 60 horas en total. Menos de tres días completos. Muy razonable.

El siguiente paso es la edición. Porque, asumámoslo: aunque las preguntas le dieron estructura y las respuestas le dieron contenido, es posible que no sea el mejor texto aún. Pero sí es una base muy buena para tu libro.

Escribe Hoy: 3.- Edición

El tercer paso de nuestro método "Escribe hoy" tiene que ver con el proceso de edición. Ya lo decía Ernest Hemigway: "escribe ebrio, edita sobrio". Con eso se refería no sólo a beber mucho -que también lo hacía- sino a que dejes que el proceso creativo, la escritura, sea un fenómeno totalmente desbordado de pasión e imaginación; pero la edición, que pulirá esa escritura, sea un proceso racional y cuidadoso del detalle.

Así que la edición debe ser meticulosa y detallada. El cuidado de un texto se refleja de la mejor manera al cuidar los detalles, por ejemplo, la ortografía, la gramática y la coherencia en las historias. A todos nos ha pasado que hay errores menores y errores mayores, a menudo por una falla de dedo.

Decía Pablo Neruda: "Hay erratas y *erratones*. Las erratas se agazapan en el boscaje de consonantes y vocales, se visten de verde o de gris, son difíciles de descubrir como insectos o reptiles armados de lancetas encubiertos bajo el césped de la tipografía. Los *erratones*, por el contrario, no disimulan sus dientes de roedores furiosos. En mi nombrado libro me atacó un *erratón* bastante sanguinario. Donde digo *el agua verde del idioma* la máquina se descompuso y apareció *el agua verde del idiota*. Sentí el mordisco en el alma. (...) Pero al abrir el elegantísimo impreso, se descubrió que allí donde el versista había escrito: "Yo siento un fuego atroz que me devora", el impresor había colocado su *erratón*: "Yo siento un fuego atrás que me devora". Jacarandoso autor y culpable impresor tomaron juntos una lancha y sepultaron los ejemplares en medio de las aguas de la bahía de La Habana. (...) No pude hacer lo mismo cuando una imprenta, en mi *Crepusculario*, en vez de *besos, lecho y pan*, colocó, *besos, leche y pan*. Muchas veces vi traducida a otros idiomas la *erratísima* y ese *milk*, me costaba lágrimas."

En resumen, el trabajo de edición incluye, entre otras cosas, erradicar erratas y *erratones*; limpiar, pulir y dar esplendor al texto. Debe ser meticuloso y cuidadoso, y mi mejor recomendación es que lo haga alguien más. Y si no... al menos que lo hagas en otro momento muy distante en el tiempo. Procura dejar reposar al menos un día antes de revisar nuevamente un texto.

Paso a paso

1.- No antes de tener el capítulo completo. La mejor recomendación que podemos hacer es que no edites antes de tener el capítulo completo. Dedícate, primero, a escribir y luego editas. La idea es que si quieres cambiar algo que no te gusta, no lo hagas en el momento. El riesgo es no avanzar porque *nunca* estará perfecto: *siempre* es mejorable. Así que mejor avanza y luego pules, una vez que esté terminado el primer borrador.

2.- Relee todo. Tal vez da pereza o lo consideras inútil: pero debes releer todo el texto un par de veces. Una de corrido y otra poco a poco, por capítulos.

3.- Busca faltas de ortografía. La primera edición tras una lectura completa debe ser buscar nuevamente las faltas de ortografía. Está atento: ni los correctores ortográficos son infalibles, ni puedes ver todos los errores: típicamente el cerebro se acostumbra. Yo confieso que debo revisar tres veces cada vez que escribo "Francisco" que suelo poner "Fransisco" y no lo noto... Y no es la única palabra. Y con pena lo digo: la primera versión de este manual tenía demasiados errores: por una falla de mi parte, monté los originales y no los textos corregidos en distintas secciones. Y no me di cuenta por mucho tiempo: tanto había dedicado a editar, que no creía posible haber montado mal los archivos. Pero pasa.

4.- Busca fallas de redacción. Ante todo, hay tres comunes: que no hay concordancia en el tiempo verbal, que no hay concordancia en el número y cuando tendemos a repetir palabras de manera no intencional. Digamos que en este mismo párrafo era la intención repetir "concordancia", pero en otros sentidos no usar sinónimos sino repetir la palabra no es buena idea.

5.- Reescribe párrafos que no son claros. Sí, a todos nos ha pasado, y notarás más si usas la técnica de escribir contra reloj: no falta el párrafo que al momento de escribir te sonaba perfecto y claro, pero que al leerlo una hora después no se entiende. Aunque cuándo estás pensando en ello, todo te parece nítido, pero es posible que no se entienda por otras personas o en otro momento tras haber terminado la escritura.

6.- Lee de atrás para delante. Estamos acostumbrados a editar leyendo del principio al final del libro. La propuesta es que lo edites leyendo primero el último párrafo, después el penúltimo, luego el antepenúltimo... hasta llegar al primero. Lo que buscamos allí es ver que cada párrafo sea claro y no requiera de algún otro para entenderse bien.

7.- Evita referencias circulares o físicas (más arriba/más abajo/atrás). Muchas veces solemos caer en el error de mencionar que "páginas antes" o "en un capitulo anterior dijimos... y en uno posterior diremos..." que, si bien ayudan a vincular el texto entre si, pueden servir para perder al lector y dar malas referencias. Procura ser claro y decir "en el capítulo 8" o "después veremos". No estar enviando al lector en distintas direcciones con frecuencia (Pecado que aún cometo).

8.- Simplifica las palabras. Tendemos a pensar que escribir mucho es escribir bien. En ese sentido, menos número de palabras es preferible. Que ninguna sirva sólo como banderilla o para alargar el texto. Cada palabra debe ganarse su lugar en el texto.

Por supuesto, esta lista de consejos no es exhaustiva, pero esos ocho pasos son los mínimos que sugerimos para quien edita un texto y quiere hacerlo bien. No descartes la opción de que alguien más te ayude a revisarlo con calma. Hay profesionales muy buenos y de costos adecuados. Y siempre hará bien tener un grupo de lectores beta, de preferencia, alguien a quien tú también le hagas el favor de revisar sus textos.

Los pasos a detalle

1.- **No antes** de tener el capítulo completo. Hay una fuerte costumbre de ir revisando nuestro material conforme avanzamos. Recomendamos no hacerlo. Esto hace que el perfeccionismo devore el tiempo y que reduzca nuestra autoestima. Es importante editar, sin duda; es contraproducente irlo haciendo al ritmo que se escribe. Recuerda que el **Método Escribe Hoy** insiste en que el resultado tras la fase 2 es un primer borrador, así que no tengas miedo: tendrás margen de cambiar y corregir todo.

Hay quienes dicen que "las cosas deben hacerse bien a la primera". Y tienen mucha razón. Pero es mejor separar ambos procesos y repetirlos si es necesario.

La lógica es que lo que nos falte o se equivoque en una etapa puede corregirse más adelante.

Adicionalmente, si dejamos pasar un plazo entre que escribimos y editamos, hacemos que el cerebro relea el texto como si fuera nuevo, por lo que muchos de los errores comunes que pasaríamos por alto tras ver dos o tres veces consecutivas el mismo texto serán ahora evidentes.

Recuerda que esta regla de "no edición" no aplica para errores de dedo, palabras repetidas o nombres cambiados; en esos casos es ideal corregirlos en el momento para no tener que buscarlos nuevamente con detalle, o para que no te atormenten el resto del tiempo. Pero ojo: estamos hablando de pequeños errores evidentes, no de una edición y revisión mayor del texto.

2.- **Relee todo**. Cuesta trabajo asumir que nos equivocamos en nuestro texto. Asumimos que está muy bien dicho como lo dijimos, y que no requiere cambios -alternativamente, asumimos que no sirve y que no tiene caso seguir escribiendo-.

Así que la sugerencia es releer todo. Varias veces, pero al menos una vez completa una vez que has dejado "reposar" el texto. Otra lectura para cada capítulo individual. No hay una regla fija, pero un trabajo adecuado se hace en cinco o seis pasadas. Yo confieso que, tras dos lecturas completas de mi parte y otras dos de mi editora, "Clara Sandra solía soñar" en su versión impresa aún tiene cosas que creo que pudieron decirse mejor de otra forma. Pero más vale ya ni moverle.

A ratos es cansado, pero pocas cosas hay peores que encontrar libros con errores garrafales que podrían haberse corregido si el autor hubiera leído, al menos una vez, su texto escrito. Y mejor si cuentas con una edición profesional.

3.- **Busca faltas de ortografía**. Pueden ser por errores de dedo. Pueden ser por confusión común. Pueden ser por ignorancia. Pueden ser por malas pasadas del autocorrector en tus programas de edición de texto. Pero las faltas de ortografía señalan que una persona es descuidada en su labor de escritura, y por tanto difícilmente puede ser tomado en serio. Y si bien a todos se nos van -recuerda lo que decía Neruda de las erratas y los *erratones*- entre menos haya, es mejor.

Adicionalmente a la adecuada aplicación y estudio de las reglas ortográficas, a ratos es conveniente tener en mente aquellas reglas en que más fallas, para que sea las primeras que revises. Yo confieso que palabras obvias como "escasez" o "Francisco" debo agregarlas a los autocorrectores, porque de a tiro por viaje me equivoco. Pero también el uso de "éste/este" suele darme algunos problemas. Y apoyo la nueva regla que pide que "solo" no use acento en ningún caso. Aunque a ratos los pongo y debo quitarlos después.

Por supuesto, conocer las reglas y de cuándo en cuándo repasarlas es un buen consejo. El lenguaje es dinámico y va cambiando, y hasta la Real Academia Española de la Lengua y sus corresponsalías nacionales en América suelen hacer modificaciones que vale la pena seguir. Por ejemplo, ahora se dice "en buen español" "Tuiter", "tuitero" y "tuitear", por lo que decir "twittero" o "tweet" son formas incorrectas. Y Twitter, solo si te refieres a la compañía.

Una polémica reciente en esa red social lo ilustra bien: Arturo Pérez-Reverté escribe en un mensaje sobre uno de sus recientes trabajos publicados:

- *"¿El asunto? Una intriga en el mundo del arte urbano, grafiti y tal. Un artista misterioso (y peligroso) y una mujer que le sigue el rastro."*

Un tuitero de apodo *Nökeö* lo corrige en público:

- *"@perezreverte Se escribe "graffiti"."*

Pérez-Reverte replica con un trino fatal:

- *"@_nokeo No. Se escribe grafiti. Españolizado. Introduje personalmente la palabra en la última edición del diccionario de la RAE."*

Así que... más vale revisar de cuándo en cuándo qué novedades tiene nuestro idioma y su adecuada aplicación en nuestros casos concretos. Y, por favor, no corrijas a un académico de la lengua hasta estar seguro que no se ha equivocado...

4.- **Busca fallas de redacción.** Nuevamente, es común que nos equivoquemos en la redacción en cosas tan simples como el tiempo o la consonancia numérica en una oración o tan obvias como repetir una palabra varias veces en un párrafo en lugar de utilizar un sinónimo o podemos accidentalmente cambiar un nombre a un personaje.

Por ello, una segunda revisión pide ya no cazar los errores ortográficos o de dedo, sino verificar con calma que no tengamos fallas de reacción. Nuevamente, el software nos ayuda, pero no es perfecto y vale la pena no confiar plenamente en la revisión gramatical automatizada.

Con frecuencia, que otra persona revise el material es buen consejo. Yo procuro que mi editora le de un par de pasadas antes de regresármelo, y aún así encontramos algún error aquí o allá en el texto terminado. Aunque, como decía María Luisa "La China" Mendoza, "hay que conocer bien las reglas de redacción para que, cuándo las rompamos, sepamos a quién estamos agrediendo y por qué". Y si, he encontrado como parte de mi estilo la capacidad de romper una regla o frase consabida para darle un nuevo sentido, de doble y triple sentido - no necesariamente sexual - a las frases que se utilizan. Por ejemplo, hace poco vimos un anuncio de un músico, preocupado porque le habían robado su instrumento musical, y sin él no podría ni tener ingresos ni reemplazarlo. En efecto, sin su *contrabajo* se quedaba *sin trabajo*...

5.- **Reescribe párrafos que no son claros.** Lo sabemos: tú eres el autor y, por lo tanto, crees que tu texto es perfecto. No lo es. Podrá no tener errores ortográficos o de redacción, y aún así estar lejos de la perfección. Por ello, es importante que en una revisión -esta puede ser más rápida y con menos detalle- de cuándo en cuándo repases el texto con "ojos de suegra", esto es, con el total rechazo y pensando que están mal en todo: en su expresión, en su metáfora y en su ser. Corrígelos y cámbialos.

Debo confesar con algo de pena que el párrafo que acaban de leer es la tercera versión del mismo: curiosamente en éste fallé, cuándo debía ser ejemplo de algo prístino y perfecto. Así que les propongo un ejercicio: reescriban el párrafo anterior en sus propias palabras y den un alternativa a mi error.

6.- **Lee de atrás para delante.** Nadie dijo que editar es fácil o divertido. Pero la mejor técnica que hemos encontrado es leer de atrás para adelante. Tranquilo, nadie dijo que de derecha a izquierda o de una línea a la anterior: se toma el último párrafo del capítulo y se lee. ¿Está completo, se entiende bien?

A veces un error común es suponer que el lector tiene toda la información necesaria para recuperar el mensaje que hemos escrito. No siempre ocurre así. Hay veces en que asumimos que hemos dado las pistas suficientes para entender lo que queremos decir. Pero no siempre somos lo suficientemente claros o dejamos esas pistas no muy claras.

Por ello, leer el último párrafo primero, luego el penúltimo, despué el anterior y terminando en el primero nos permitiría ver aquellos casos en que la coherencia de nuestro texto no es muy clara porque asume que el lector tiene información que no le hemos dado.

Un ejemplo común es en libros de ciencia ficción, en los que muy al principio señalamos que los *Burubarabera* son simpáticos alienígenas del planeta *Buroba* que tienen capacidad telepática y telequinética, cosa que los defiende de los peligrosos *Guruntas*, sus rivales que viven en el mismo planeta, pero del otro lado. Y a partir de ello asumimos como natural que los lectores sabrán quienes son los *Burubarabera* y su relación con los *Guruntas*, y por que la relación entre *Rororomeo* (hijo de un general *Gurunta*) y *Julietata* (rica heredera de un mercader *Burubarabera*) estaba condenada al fracaso, por más que ella pensara otra cosa y tratara de manipular a su padre, porque...

En fin. Tienen la idea: si sólo al principio del texto comento las características de ambas razas y su rivalidad y no vuelvo a mencionarlo, el lector podrá olvidarlo y no entender lo escrito. Por ello, leer de atrás para adelante es una herramienta que nos ayudará a evitar ese error común: si vemos que hace falta información clave para decodificar el mensaje, hay que agregarla de cuándo en cuándo para que el lector entienda las cosas de manera correcta. Aunque ya la hayas dicho.

7.- Evita referencias circulares o físicas (más arriba/más abajo/atrás). Todos pasamos por ello, y confieso que es uno de mis errores frecuentes y tal vez por eso hago énfasis en que lo corrijamos: hacer referencias circulares dentro del texto. Decir que "más adelante" aclararemos algo o que "mucho antes hemos dicho...", lo que tampoco ayuda. Usados con moderación ayudan a generar expectativa en el lector o le recuerdan lo que ha pasado; abusar de ello tiende a marearlo.

Es importante cuándo haces referencia a un cuadro, una gráfica o una ilustración que pueden no quedar en la misma página del texto que las alude. Es decir, en trabajos académicos pueden requerirse con frecuencia. Fuera de ellos, digamos en trabajos literarios, son formas que están de más pero son comunes.

Insisto: usarlas moderadamente ayudan a generar interés y expectativa; abusar de ellas lastima al texto y pierde al lector. Asumamos siempre que es alguien inteligente, que puede recordar cosas importantes o asumir que aún no las ve, pero que si se mencionan, es porque aparecerán. Pero marearlo constantemente haciéndolo ir y venir es algo que no ayuda mucho.

8.- Simplifica las palabras. Lo sé: para muchos, ser escritor es una oportunidad de ostentar que estamos por arriba de la mayoría, y que poseemos un vocabulario más amplio que los demás. Pero asúmelo: ser el único que conoce una palabra y la usa correctamente hace que esa palabra sea incapaz de comunicar. La adecuada comunicación asume que el emisor y el receptor entienden el mensaje.

Un ejemplo: en el párrafo anterior "ostentar" es la palabra precisa para describir la actitud del escritor soberbio y que cree conocer más que el resto. No es tan grave, pero no es la más coloquial: tal vez "presumir" hubiera cumplido la función de manera correcta. Pero también los sinónimos exhibir, lucir, mostrar, enseñar, patentizar, evidenciar, exponer, poseer, tener, detentar, alardear, vanagloriarse, jactarse, fanfarronear o ufanarse... Y si bien todas esas formas serían correctas, hay algunas que suenan más complicadas que otras. "Para muchos, ser escritor es una oportunidad de vanagloriarnos que estamos por arriba de la mayoría" no suena mal, pero... no es la forma ni más sencilla ni más coloquial.

Recuerda que sostenemos que un gran estilo es aquel que suena como si se hablara, y por lo general hablamos con lenguaje sencillo y pocas veces usamos palabras más complicadas para decir lo mismo. Pero eso solemos hacer al escribir. Y si bien no está prohibido, cuidar el adecuado uso de sinónimos puede ayudar mejor a cumplir la función de comunicar al tiempo que lo hacemos con un lenguaje llano y sencillo, pero no por eso fallido o simple.

Un último consejo sobre ello: si no tienes Tuiter, abre una cuenta. La gran magia de esa red social es que todos los mensajes están limitados a 140 caracteres. Y meter una idea en tan poco espacio obliga a ser sintético y claro, y a usar lenguaje sencillo pero poderoso. Además, un texto tan breve se escribe relativamente rápido, por lo que ayuda mucho a mejorar la escritura. Nos leemos, pues, en Tuiter (allí soy @gjsuap y suelo seguir a todos los que me siguen).

Qué tienes

Al final de este tercer paso ya tienes un borrador casi final de tu texto: tiene estructura, información completa y ahora una edición que garantiza que se trata de un texto de alta calidad. Falta, pues, asegurar el formato adecuado para que el mundo pueda ver tu obra. Y eso lo haremos en la siguiente sección.

Escribe Hoy: 4.- Envío

Y ahora que ya tienes tu manuscrito listo, la diferencia entre un borrador y un libro terminado pasa por cuidar la apariencia de tu texto. Una forma muy simple pero poderosa de lograrlo es mediante una tipografía clara y adecuada. Entre otras cosas, lo ideal es que no mezcles fuentes -una para encabezados, otra para el cuerpo es lo ideal-. Pocos estilos y en un manejo muy consistente de itálicas, negritas o subrayados. Márgenes e interlineados siempre iguales en todo el texto. Parece obvio, pero a veces una letra un punto más grande o pequeña, o párrafos anidados a distinta altura según el capítulo, son fallas comunes a muchos textos. Así que van los ocho pasos que debes revisar -o corregir- antes de considerar que tienes un libro terminado:

Pasos a revisar.

1.- **Asegúrate de usar tipografía consistente.** Esto es simple, pero muy laborioso. Que cada vez que menciones una palabra en otro idioma uses itálicas. Que las negritas sólo enfaticen términos que en verdad quieres destacar, como un subtítulo o un elemento de una lista, y no cualquier palabra sin ton ni son. Que se utilice la misma fuente en el texto y en los cuadros, gráficos o notas al pie. O que si se utilizan familias distintas, sean compatibles -por ejemplo, que todas sean con patines o sin patines-. Que sean armónicas. Que tengas no más de tres fuentes: una para títulos y subtítulos, otra para textos y otra para gráficos o encabezados de secciones. No más. En su caso, que el uso del color sea consistente. Recuerda que lo que puede verse bien en papel puede verse mal en pantalla y viceversa. Entre más simple, mejor.

2.- **Utiliza estilos si es posible.** Una gran forma de asegurarte que   la tipografía sea consistente a lo largo de tu texto es el uso de estilos de párrafo. En Word, Scrivener y otros programas de procesamiento de texto puedes definir un conjunto de características -fuente, tamaño, márgenes, interlineado, énfasis y demás- para un texto que cumplirá una función: encabezado, subencabezado, nota al pie, texto, cita... y luego aplicarlo con un solo click a lo largo de todo tu texto. De esa forma, ganas dos ventajas: puedes modificar todas las apariciones del mismo estilo en una sola vez, sin tener que buscar individualmente; y te aseguras que haya consistencia tipográfica en tu texto. Recuerda incluir saltos de página o estilos que inicien forzadamente en página non, por ejemplo, para garantizar la consistencia del aspecto de tu libro.

3.- Títulos y secciones homogéneas. A ratos es difícil seguir un texto que tiene secciones de diez capítulos, seguida de una sección de uno, y luego tres capítulos sueltos antes de crear otra sección. Lo ideal es que un capítulo agote un tema -en textos de no ficción- o cierre una idea -en textos de ficción-, y se pueda leer en unos 8 a 20 minutos. Si se requiere menos tiempo, tal vez está incompleto y falta incluir materiales. Si se requiere más tiempo, el lector podrá percibir que no avanza o que "le falta mucho". Lo ideal es que los textos tengan una longitud similar entre si: esto es, capítulos de 8 a 12 páginas, secciones de 5 a 10 capítulos y así. Pero tu decides. Lo importante es que tu texto sea homogéneo en su estructura y no parezca algo disparejo, principalmente en la parte central del texto. Igual, una tipografía consistente refuerza la idea de títulos y secciones homogéneas.

4.- Epígrafes y numeraciones consistentes. Si, a veces hay que poner números a los capítulos, a las secciones o a los párrafos. Una gran manera de hacerlo y de garantizar la consistencia a lo largo del texto es utilizando estilos, en particular los estilos numerados. Es importante que definas tu estructura, y que seas muy consistente al utilizarla. ¿Será un esquema de número único (sección 4) o de números descendentes (sección 3.2.4.)? La que te sea más conveniente, particularmente en documentos de no ficción o académicos es la que debes usar... pero asegúrate que sea consistente. Si usas letras, números romanos y arábigos (sección III.b.4) está bien, aunque procura que siempre sea la misma estructura y sea consistente entre las distintas apariciones (y no III.b.4 seguido de iii.C.1, por ejemplo).

5.- Indice. Particularmente en textos de no ficción y académicos, un índice que contenga los términos más utilizados y sus apariciones en el texto -sea la primera o todas las que tengan- son muy importantes. Confieso que hay textos en los que la construcción del índice me ha tomado más tiempo que la escritura del texto, pero también sé que un índice bien construido habla de un libro más útil. En el caso de este manual, por su brevedad no se ha incluido. Pero será buena idea agregar uno, particularmente si se continúa ampliando. Nuevamente, hay opciones en los programas de software que te permiten automatizar al menos parcialmente la tarea, pero requieren que vayas marcando en el texto las palabras clave. Cuidado al exportar de un programa a otro, porque muchas veces se pierden las referencias o, lo que es peor, se vuelven visibles y eso acaba confundiendo más al lector.

6.- Tabla de contenido. No puede faltar en tu texto. En un texto de ficción, puede bastar que diga el número de capítulo y la página, porque incorporar un título o descripción puede arruinar las sorpresas para el lector. En uno de no ficción es importante que se incluya en la tabla de contenido el nombre del capítulo o la descripción del tema a tratar, a fin de que el lector pueda encontrar rápidamente la información que necesita. No dejes de verificar que las etiquetas de número de página sean correctas, porque pueden cambiar de un formato a otro. Por ejemplo, hay programas que te permiten "saltarte" las páginas iniciales y considerar la primera página del texto aquella en dónde empieza el contenido; pero en otras, la portada, portadilla, dedicatorias y demás, introducción o índices las considera parte de la paginación y lo que tu señalas que está en la página 1 aparecerá en realidad en la 18... o viceversa. Nuevamente, el uso de estilos es la mejor forma de garantizar la consistencia en el aspecto final de tu proyecto. Solo recomendamos tener cuidado con la conversión de un formato a otro o al pasar de un programa a otro.

7.- Numeraciones. Ya lo dijimos de otra forma, pero hay que enfatizarlo: las numeraciones consistentes hacen destacar tu trabajo para bien. Sea los números de página, las secciones y capítulos, los títulos y subtítulos, las imágenes y gráficos... aplicar adecuadamente la numeración, de manera clara y consistente es una tarea necesaria para que tu texto destaque.

8.- Revisa gráficos e imágenes. Y eso va en dos sentidos: garantiza que se vean bien, y no se pierdan o distorsionen al pasar de un programa a otro -por ejemplo, que lo traten como imagen fija en cierta posición en la página en lugar de "flotar" con el texto, pero al cambiar el texto no cambien de lugar-. Y también garantiza que estén bien referidos: si dice "en el cuadro de la página anterior", el cuadro en efecto esté en la página anterior. O si el epígrafe dice "tabla 3" y aparece arriba de la imagen, no se transforme en la siguiente aparición de un elemento similar en un "cuadro 4" que aparezca abajo de la misma. Nuevamente, el manejo de estilos asegura consistencia, pero recomendamos una revisión expresamente de que "gráfico", "tabla", "ilustración", "imagen" y otras formas adicionales de complementar el texto se manejen siempre consistentemente.

Formatos de salida

Y ahora que ya tienes tu borrador adecuadamente formateado, debes tener en cuenta qué tipos de formato de salida vas a utilizar. Cada uno tiene sus ventajas y desventajas, y debes saber cuál usar en función de la siguiente tarea o uso de tu documento.

Impreso.- Sin duda, y a pesar del avance digital, tarde o temprano los autores -sea de un ensayo de dos páginas o de una novela de 300- aspiramos a tener nuestro texto impreso. Lo más probable es que lo obtengas de una impresora láser de uso común. Pero igual si se obtiene de una imprenta de libros *on demand* o de una impresora de matriz de puntos, asegúrate que los espacios sean consistentes con tu formato y la apariencia sea armónica, con buenos márgenes, números de página y tipografía adecuada y legible.

Word.- Al ser la suite de software de oficina más usada del mundo, lo más probable es que tu texto termine circulándose a alguien más en formato de *Microsoft Word*. Este es un formato ampliamente utilizado. Solo recuerda que hay al menos dos variantes del mismo (.doc y .docx), siendo el último más reciente, poderoso y pequeño en el tamaño de archivos, pero que está sujeto a más fallas en la transcripción de una versión a otra o de una plataforma a otra, porque suele utilizar las plantillas de la máquina de destino para reformatearse. Hay que cuidar mucho que no se pierdan atributos o funciones importantes al pasar a versiones más viejas del mismo software. Adicionalmente, si no tienes el paquete de *Microsoft Office* recuerda que hay versiones gratuitas como *Open Office* o *Google Docs* que son capaces de leer el formato .doc. Solo asegúrate de revisar bien la compatibilidad de archivos, porque poderlos abrir no garantiza que se podrán leer sin problema en otras versiones. Es un buen formato para transferir información que puede editarse por el receptor.

PDF.- El Archivo de Documento Portátil o PDF (por sus siglas en inglés) es una solución adecuada tanto para leer en pantalla como para imprimir, ya que es perfectamente transparente entre plataformas distintas (PC o Mac) y entre distintas versiones de software lector, sea el original de Adobe o sus emuladores. Es decir, "lo que ves es lo que obtienes" en las distintas versiones del programa, por lo que *sabes* que lo que estás viendo es exactamente lo que verá el receptor del archivo, sea un lector o un editor. Las dificultades radican en que suelen ser documentos no editables, de tamaño muy grande en proporción a la información que contienen y que incluyen lo mismo versiones de imagen como de texto de la información, por lo que tienen esa capacidad de no cambiar al moverse. Es un buen formato para transferir información que NO puede editarse por el receptor, a menos que le envíes el archivo desbloqueado y tenga la suite completa de Adobe -no sólo el lector Acrobat Reader, que es gratuito-. Es un buen formato para distribuir un texto terminado, excepto porque al manejarse parcialmente como imagen no es fácil de leer en tabletas y celulares.

Kindle.- El formato más utilizado en cuanto a libros electrónicos, permite que el lector vea el documento en un *Amazon Kindle* o sus emuladores (son gratuitos y los hay para Mac, PC, Android, Blackberry e iOS) con total transparencia y facilidad. Permite el ajuste el tamaño de letra, de los márgenes, la tipografía y el interlineado, para mayor comodidad del lector. ¿El problema? Que cosas como ilustraciones y números de página no pasan "transparentemente", en el sentido de que no se verán como tú las viste. Por ejemplo, en lugar de números de página usa un modelo de "posiciones", que permiten que el lector modifique la tipografía, márgenes y tamaño de letra, pero que aún así la posición de cierto contenido sea la misma que alguien con otra configuración. Tampoco es un formato editable por el receptor, aunque su mayor ventaja es la adaptabilidad y funciona bastante bien en celulares o tabletas. Si tu producto final será un *Kindle e-book*, no te preocupes demasiado por el aspecto final de la tipografía, ya que será adaptado por el lector. Sólo asegúrate de ser totalmente consistente.

Otros.- Por supuesto, los tres formatos de archivo antes analizados no son los únicos que existen, pero si los más comunes y que tienen sus ventajas y desventajas. Posiblemente tu editor o tu lector final te pidan un formato diferente, por ejemplo, un libro electrónico en formato e-reader. Cualquier formato adicional a los aquí comentados puede funcionar, pero sin duda lo conoces más que nosotros *a priori*.

Qué tienes

Si has concluido las recomendaciones de este capítulo, es momento de felicitarte: tienes ya un texto completo, lógico, entendible, entretenido; bien formateado y listo para que tu lector lo disfrute al máximo. Además, lo más probable es que lo hayas terminado mucho antes de lo que habías considerado. Y si aún no lo haces, ¿Qué esperas? ¡Manos a la obra, que el mundo necesita de tu libro hoy! ¡No esperes más y también **Escribe Hoy**!

Herramientas adicionales

Dictándole a tu teléfono

Tengo 3 herramientas que me ayudan a lograr mis metas como escritor: el **Método Escribe Hoy** que ya conociste, el dictado con reconocimiento de voz a través de la computadora o el celular y el software *Scrivener*.

Así que dedicaré esta sección a hablar un poco más de estas herramientas. Por supuesto, cada una tiene sus puntos fuertes y débiles, pero lo relevante es que en conjunto me han ayudado a escribir más rápido y mejor. Y cabe aclarar que lo que les menciono se basa en mis experiencias previas.

Obviamente, el borrador de esta sección lo hice aplicando una de ellas: dictando al celular, y requirió sólo un poco de formateo final. Me habrá tomado menos de cinco minutos de dictado, lo cual es genial. Decía Isaac Asimov: "Para escribir rápido, escribe como hablas". Y yo añado: para escribir como hablas, lo mejor es dictar. Por eso tenía un equipo de ocho secretarias que, o le tomaban dictado, o transcribían lo que había dictado. Gracias a ello llegó a publicar más de 500 libros de las más variadas materias.

Dictando a tu celular

El reconocimiento de voz puede hacerse de dos maneras fáciles y sin costo: una es mediante su teléfono celular y la otra mediante Google Docs. La ventaja el reconocimiento de voz en el celular es que casi siempre lo traes a la mano. Además, por la sensibilidad de los micrófonos integrados, suele ser más preciso. Las desventajas son que requiere conexión a Internet o WiFi. Eso puede ser bastante demandante en tu paquete de datos o limitar los lugares en dónde se puede usar.

El principal problema con esta opción es que el manejo de signos de puntuación es muy endeble. Básicamente puedes meter comas, puntos y salto de línea. Todo lo demás requerirá que lo hagas posteriormente. Pero para realizar un primer borrador rápido es muy buena herramienta.

Paso a paso

Activar dictado.

Para hacerlo en teléfonos Android, encontrarán que junto a la barra espaciadora de su teclado en modo "escribir correo" hay una tecla que cambia el modo de introducción de datos. Busquen en ella "micrófono". Las herramientas que se pueden activar varían según el modo en que esté configurado su teléfono. También el campo que esté activo: en una dirección serán menos, en el cuerpo del correo, más. Activen el micrófono. (En este caso, además del micrófono pueden incluir coma, cerrar interrogación, cerrar admiración, activar micrófono, configurar teclado e insertar emoticons. Escojan el micrófono).

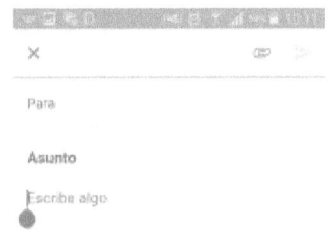

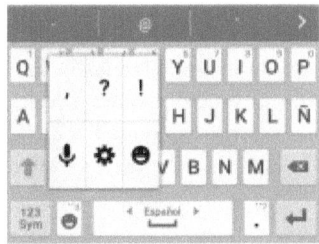

Activar micrófono

Tras activarlo, saldrá un cuadro que te permite "hablar ahora" o, tras presionarlo nuevamente, desactivar el micrófono. Si hay conexión a la red de datos o vía WiFi, se mantendrá verde. Si cambia a gris o dice no estar activo, avisará que no hay conexión y que lo intentes después.

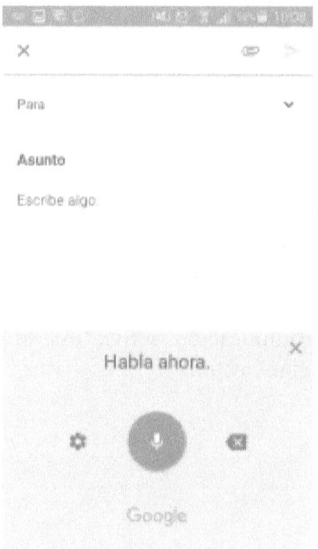

Habla ahora

Las otras opciones son "configuración", el pequeño engrane que permite, entre otras cosas, seleccionar el idioma del dictado; la tecla "backspace" o retroceso, que permite eliminar el último dictado o palabras y el botón grande con un micrófono, que lo prende o lo apaga.

¡Listo! Si está el micrófono en verde, habla normalmente. Recuerda que los signos de puntuación que reconoce bien son "coma", "punto" y "nuevo párrafo". Los demás... son fallidos. Verás, por ejemplo, que en ocasiones toma los números cómo palabras y luego como números; o que dictas "punto y coma" y escribe ". y coma".

La precisión, si bien es alta, no es perfecta. Así que no te extrañe que al revisar tu texto "aparezcan" o "desaparezcan" palabras. Edita con cuidado. Hay una opción para enseñar vocabulario, pero me he encontrado que es más lenta y complicada y tiende a fallar: no la recomiendo.

Consejos para el dictado al celular.

- Habla a velocidad normal. Mientras estás dictando, es más preciso el reconocimiento que si intentas pronunciar palabra por palabra o peor, sílaba por sílaba.
- No corrijas. Si se te va una idea imprecisa o una frase con error, tu sigue dictando. Ya lo editarás.
- No formatees. Olvídate de intentar poner balas o números en una lista mientras estás dictando. Menciona "bala" o el número de la lista que continúa. Ya lo editarás.
- Olvida quitar las banderillas. Al hablar se nos van muchas banderillas o muletillas verbales. "Eh.... Ah... entonces... mmm...". Puedes dejarlas correr en tu texto, ya las suprimirás.
- Ten en mente que obtendrás un primer borrador, no un texto final. No te apures por errores o frases perfectas. Esta etapa se trata de escribir rápido, no de escribir bien.
- Envíate el texto como si fuera un correo. Me he encontrado que emuladores de Office u otra paquetería similar complican demasiado el dictado. Me basta mandarme un correo y luego trabajarlo y pulirlo en otras aplicaciones.
- Revisa que esté funcionando. A veces me doy cuenta tras dictar siete minutos, que no ha grabado nada.
- Checa que no se repita. En ocasiones se "cae" la red o pasa otra cosa, que un párrafo dictado lo incorpora varias veces al texto. Mi récord es de 10 veces el mismo párrafo, tras dictarlo una sola vez -en un parque, con cobertura de WiFi público, y la red celular fallando. Pero es más fácil borrar repetidos que escribir de nuevo.
- No olvides apagar el micrófono. Me ha pasado que mi texto se "contamina" con las charlas posteriores, porque no lo apagué. Ten cuidado.

¡Recuerda! Obtendrás un primer borrador, no un texto final. No dejes de editar con cuidado el texto, y no te molestes con los errores: he notado que, para textos de dos a siete páginas, el dictado funciona bien. Si son más cortos, pierdes más tiempo editado que si lo hubieras capturado. Y con textos demasiado largos, los errores se multiplican. Aún así, vale la pena intentarlo.

Y ten en cuenta un detalle importante: puedes dictar mientras vas manejando o en un taxi. Eso te permite usar buena parte de tu tiempo de traslado para escribir borradores. Solo asegúrate de usar el modo manos libres -o un auricular Bluetooth- y de enviarte el trabajo cada diez minutos, como si fuera un correo independiente cada vez. Me ha pasado que, tras dictar 15 minutos, veo que solo pasó el primer párrafo. Es frustrante.

Dos matices

Es posible que tu Android no tenga la opción de reconocimiento de voz activada. En ese caso, revisa en el menú de configuración en la sección "Idioma e introducción" en la subsección "Teclados y métodos de entrada" (o su equivalente) que tengas descargada y activada la alternativa "Dictado por voz de Google". Si no, actívala. Requerirás, a lo más, bajar un paquete de idiomas. Este es sin costo, aunque ocupa algo de espacio.

El segundo, si en vez de Android tienes sistema iOS. A partir de la versión 8 es una característica integrada, por lo que no deberás tener problema. Y hay un detalle: no verás el texto hasta que presiones "ok", por lo que lo ideal es que lo actives un párrafo a la vez. Puede ser incómodo, pero es más rápido que escribir directamente.

Si tu teléfono no es ni Android ni iOS... no sé si tengas la opción. Será cosa de buscar en tus manuales o algún tutorial en YouTube. Estoy casi seguro que ya lo tienes. Revisa.

Dictándole a tu computadora

Muchas de las profesiones de antaño están siendo reemplazadas sistemáticamente por las "nuevas tecnologías de la información". Recuerdo como niño ir a un despacho de arquitectos lleno de restiradores y papel albanene en pliegos enormes. O un despacho de contadores lleno de personas con sumadoras y grandes libros de cuadritos pequeños. Y de secretarias tomando dictados en taquigrafía, para luego transcribir esos garabatos ilegibles en su máquina de escribir. Muchas de esas tareas hoy puede hacerlas *Microsoft Office*, *Open Office* o *Google Docs* u otras suites de cómputo de manera más rápida y fácil.

Así que lo que antes requería diez contadores, hoy puede hacerlo uno solo con una hoja de cálculo de *Excel* o de *Google Docs*. La ventaja del segundo es que puede compartir su trabajo y editarlo simultáneamente y que no requiere descargar software.

Recuerdo secretarias teniendo que repetir páginas enteras porque tenían más de cinco errores por hoja. Aún con gomas o correctores, se notaban mucho. Hoy basta con abrir el archivo y hacer el cambio.

También recuerdo una vieja máquina, el dictáfono: una grabadora con un micrófono enorme, muy sensible, al que el jefe le dictaba el documento que requería. Luego, la secretaria se llevaba el cassette y lo reproducía en su propio dictáfono. Estaba equipado con "pedales de control" que le permitían avanzar o retroceder la cinta, a velocidades variables, para revisar su transcripción.

Hoy, si tienes una cuenta de *Google*, tienes automáticamente el servicio de *Google Docs*. Este ya incorpora un "dictáfono" incluido: tu hablas, la computadora sube en tiempo real tu sonido a la nube. Luego, los servidores de Google lo transforman en texto en un santiamén. Y recibes el texto transcrito casi de inmediato. Tiene buena precisión y velocidad relativamente alta. La traba es la velocidad de tu conexión a Internet.

También hay soluciones de paga, como Dragon Natural Speaking. Pero me he dado cuenta que, además del alto costo (U$200), requiere un micrófono especial o una grabadora adicional. Y por el tipo de procesador que tiene mi computadora, la alenta demasiado y la precisión no es mejor que la de Google Docs (porque no hay versión en español y mi inglés... la hace bolas.Con todo y que tiene la opción de entrenarse y reconocer acentos). Así que... mejor no gasten y usen la opción gratuita que ya tienen a la mano.

Google Docs como dictáfono

Para habilitar *Google Docs* como dictáfono el proceso es muy sencillo:

Abre tu documento.
Abre tu perfil de Google, por ejemplo, a través de Gmail. Si no tienes cuenta, crea una. Es gratis, fácil y rápido.

Con el perfil abierto, ve al sitio http://docs.google.com y allí a "documentos".

Si ya tienes un documento que quieras trabajar, ábrelo. Si no, crea uno con el signo de "más" en un círculo rojo que verás en el extremo inferior derecho.

En la barra de herramientas, escoge la opción "dictado por voz" o el atajo correspondiente.

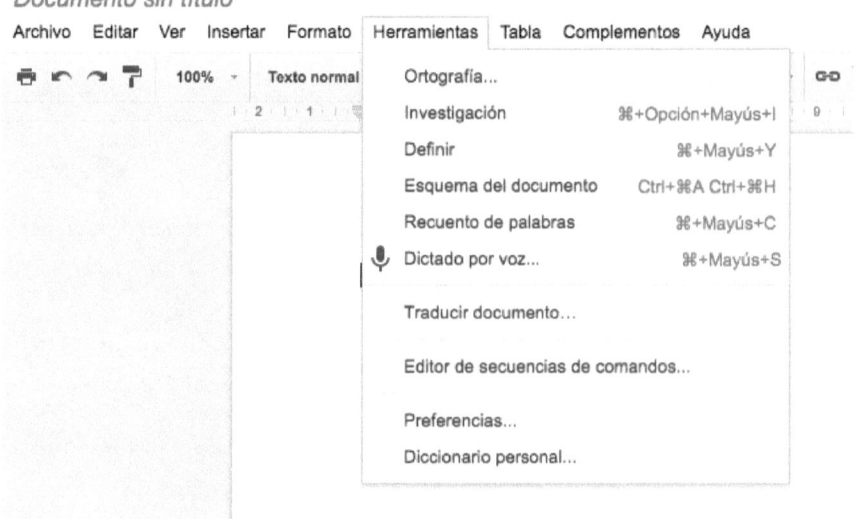

Activa el micrófono

Activa el micrófono que aparecerá en una barra lateral. Allí puedes escoger también el idioma.

El micrófono cambiará de colores apagados a colores vivos, para indicar que está encendido.

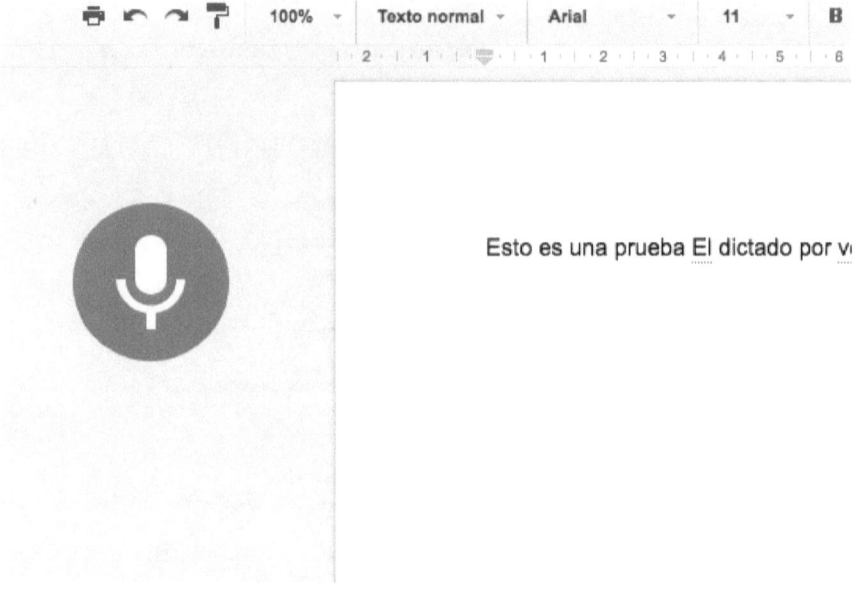

Control del micrófono

Empieza a hablar.

Mientras el micrófono está reconociendo voz, tendrá unos círculos alrededor de él, pulsando.

Cuánto termines de dictar, escoge nuevamente el micrófono para apagarlo.

Puedes cerrar la ventana emergente o escoger nuevamente "dictado por voz".

Verás tu texto aparecer en el documento. Recuerda renombrarlo o guardarlo en otra ubicación.

También puedes seleccionar todo el texto y copiarlo en otra aplicación, como Word o *Scrivener*.

Un par de recordatorios.

La calidad del reconocimiento de voz de *Google Docs* depende de la calidad de tu micrófono. Y si bien los micrófonos integrados en las computadoras suelen ser adecuados, aceptan demasiado ruido y pierden claridad, por lo que te conviene comprar una diadema con micrófono integrado para tener mayor precisión y nitidez. Logitech tiene unos micrófonos de alta calidad y precio medio (en torno a los 600 pesos) e incluso opciones inalámbricas.

Recuerda que, aunque puede reconocer algunos signos de puntuación más allá de la coma, el punto y el nuevo párrafo, la verdad es que se enreda y conviene más dictar rápido en formato simple, y luego editar para corregir errores y añadir signos de puntuación.

No hables como robot: habla natural y fluido. Muchas veces, *Google Docs* no entiende una palabra por si misma, pero la ubica por las palabras de su contexto. Así que hablar de corrido, a buen paso, le permite mejorar el reconocimiento de voz.

No te desesperes: ni trates de corregir lo que dijiste, ni de cambiar lo que entendió si cometió un error. En otras opciones de software (como *Dragon Natural Speaking*) corregir ayuda a mejorar la precisión. Aquí, no tanto. Así que deja pasar el error y luego lo corriges en la edición.

Importante: no olvides que tu audio va por el Internet a un servidor remoto: lo ideal es que no envíes información confidencial como passwords, cuentas bancarias o similares. No vaya a ser que se te aparezca el "coco hacker", y luego...

¡Listo! Tienes tu dictáfono con transcripción más rápida y precisa que ni los altos ejecutivos de los años 1960. Y hay otra ventaja: si usas este método, no solo harás caso al consejo de Asimov de "escribe como hablas": literalmente, escribes mientras hablas, por lo que el estilo es inmejorable: tu texto le hará sentido a tus lectores, "como si" les estuvieras hablando a ellos. Que, a final de cuentas, es lo que haces.

Scrivener

Para completar nuestra sección sobre las herramientas con las cuáles escribir mejor, toca el turno a *Scrivener*. Es EL Software que ha revolucionado la manera en que los escritores en el mundo trabajamos.

Su gran ventaja es que nos permite reunir en un mismo lugar tres tipos de herramientas complementarias para la escritura: herramientas de integración de información, para la edición de la información y para la publicación de la información. Y, por si fuera poco, nos ofrece espacio de escritura que ocupa el 100% de la pantalla sin distracciones y con tamaños de letra y ancho de "papel" ajustables -que no afectan la tipografía del texto- final.

Por ejemplo, yo escribo con letra 300% más grande que lo ordinario en una pantalla que me da doce líneas de texto. Suficiente para cazar "herrores" y tener párrafos cómodos.

Scrivener como herramienta de integración de información

Empezaré con un ejemplo: para mi reciente novela "El tesoro de Cuauhtémoc", requería de más de 25 fuentes documentales distintas. Puedo tenerlas todas reunidas en el panel lateral en *Scrivener*, y entrar a verlas sin salir de mi texto. Así, copias nombres, referencias o ves imágenes sin salir de tu procesador de palabras. Esto incluye páginas WEB, archivos PDF, imágenes o textos.

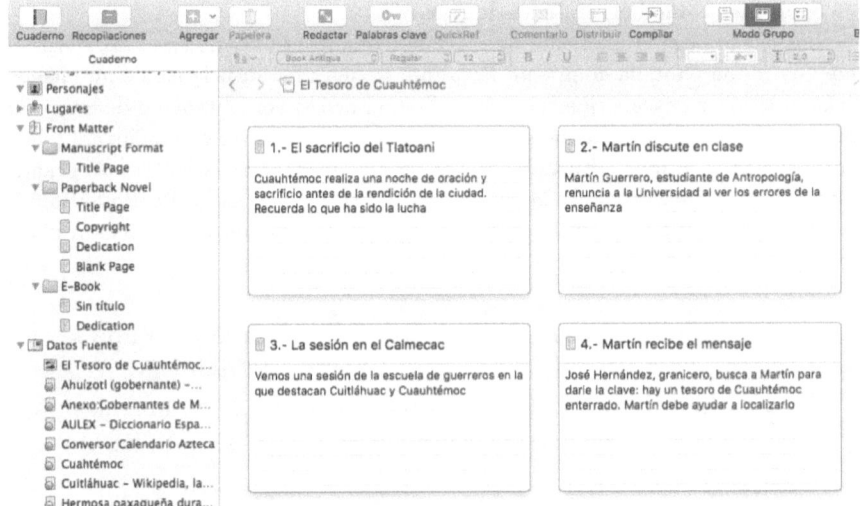

Ejemplo de "El Tesoro..." en Scrivener

Vean la barra lateral, que tiene secciones que me permiten describir a mis personajes o los lugares. ¿Cómo era este personaje? ¡Zaz! abro el documento con la imagen y la descripción que escribí antes, y siempre es consistente. ¿El palacio era de uno o dos pisos? Tengo el plano que me permite ver la información a detalle u otras locaciones.

En este ejemplo, el campo principal de trabajo tiene las "fichas sinópticas" de cada capitulo. Pueden ver cómo se llama y cuál es la anécdota que pasará en él. Estas fichas puedo arrastrarlas para cambiarlas de lugar. Entonces, tres capítulos consecutivos pueden cambiarse de lugar para agregar uno que los explique. Y dentro de cada capítulo puedo tener escenas: fichas independientes dentro de un capitulo. La estructura está allí, siempre a la vista.

Conforme al método Escribe Hoy, puedes tener toda la estructura lista antes de empezar siquiera: una pregunta en cada ficha, 15 fichas en cada capítulo. Y puedes ajustarla sobre la marcha. Está siempre clara y nítida para ti, pero el lector no la verá, únicamente la sentirá fluir.

Scrivener como herramienta de escritura.

Les decía: llega el momento de escribir y quiero centrarme en el texto. Listo: me voy a una pantalla completa. Para que se den una idea, la siguiente imagen está en la misma escala que las demás. Como pueden ver, el tamaño de letra y la información en la pantalla me permite cazar errores de dedo con facilidad, y leer cómodamente mi texto. En este caso, la fuente en pantalla es 300% más grande que la fuente final, pero el tamaño de esta no se ha cambiado. Puedo ajustar el zoom de lo que veo yo, sin alterar el formato del texto que verá el lector. Nada mal.

La sangre que caía de su prepucio perforado abonaba la tierra que muy pronto dejaría de gobernar. El dolor físico de los lóbulos y la piel era nada comparado con el desgarrador ... le corroía el alma. Era, sin duda, un ...

... ese verano de 1521 en las montañas de la ...lalupe, al norte del Valle de México era ... Se sentía, además, el viento cortante en rachas repentinas. La pena de este hombre era aún más lastimosa en esas circunstancias.

Un único asistente, parado a la distancia, veía a su Señor, de rodillas, continuar con el ritual al que había asistido a tan remoto paraje. Extrañamente habían salido solos.

Ejemplo de escritura en Scrivener

¿Y la ventana flotante? Bueno, en este caso es mi "objetivo del texto y de la sesión". Quería un libro de al menos 50,000 palabras escrito en 15 días o menos. Eso implicaba escribir unas 3,125 palabras diarias -dos capítulos en promedio, unas tres horas, de acuerdo al método Escribe Hoy-. Pues esta barra me permite ver el avance y "ajustar" mi carga de trabajo diaria, dependiendo si voy o no en el plazo conforme a la meta diaria.

Hubo días que no escribí nada y otros en los que salieron cuatro capítulos. Y el marcador me reportaba el avance y ajustaba los objetivos por sesión para acabar a tiempo. Terminé un día antes de la meta el primer borrador. Nada mal.

Pero además, *Scrivener* realiza un conteo de frecuencia de palabras, asigna formatos automáticos a tus citas, agrega hipervínculos, permite crear, unir o dividir textos... De todo. Con más facilidad de uso que *Microsoft Word*. También tiene funciones más sencillas: asigna formato como título o subtítulo, itálicas, negritas o cambio de fuentes.

Scrivener como herramienta de edición

Ahora, supongamos que siguiendo el **Método Escribe Hoy** en una etapa escribes y en la otra editas. *Scrivener* te permite hacer ese proceso, incluso de manera colaborativa. Esto es, mi editora y yo vemos el mismo archivo, y nos reporta quién hace qué cambio, permitiéndonos comparar versiones y decidir si aceptas o no la sugerencia o si tienes algún comentario. Lo hace de manera más amigable que la opción equivalente en *Word*.

Pero como pueden tener toda la información en una sola pantalla, es más potente. Por ejemplo, en la versión del Libro Tuitero que incluyo abajo, se ve, al centro, dos versiones del mismo texto: original y revisada. En la tarjeta verde de la derecha, las observaciones del revisor del capítulo -Nat Colmenares-, para que el autor -yo en este caso- haga sus ajustes. En otros, es al revés: ella escribe, yo reviso. Abajo a la derecha, las fechas y etapas de revisión: ¿Es un primer borrador, un segundo borrador, una primera o segunda revisión? ¿Es una versión final? Las guías de colores y las notas debajo de las tarjetas nos permiten tener toda la información, y clasificar nuestros borradores con base en ello.

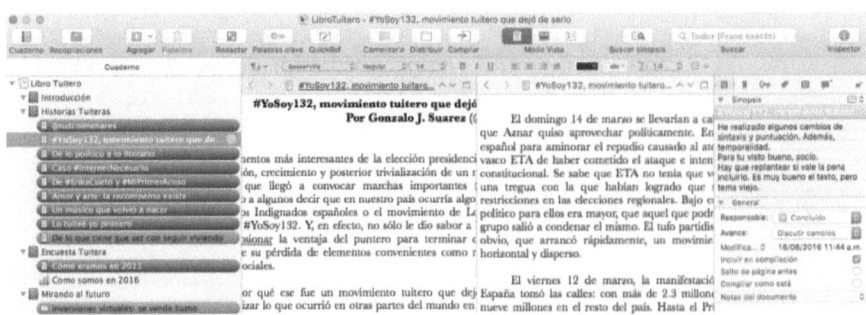

Ejemplo del Libro Tuitero en Scrivener

Las barras de colores a la extrema izquierda nos indican si un texto está pendiente de escribirse o incorporarse, si ya fue editado o no, quién hizo la revisión y cómo vamos. Esto es genial cuándo un mismo texto tiene varios autores, editores o revisores. Porque puedes grabar "instantáneas" de un texto de cierto colaborador en día y fecha precisa, y ver cómo se modificó el texto en cada cambio. Y los colores, iconos, palabras clave, sellos de fondo de agua, etiquetas... todo es personalizarle para adaptarse mejor a tu estilo de trabajo.

Un punto malo: para compartir el archivo se requiere *Dropbox Pro*, lo que cuesta mensualmente. No corre en otras opciones como el *Dropbox* normal, *iCloud* o *Google Drive*. Y no pueden trabajarlo al mismo tiempo. O pueden enviarlo por correo electrónico, pero cada uno tendrá su versión del archivo y a veces falla la sincronización.

Scrivener como herramienta de publicación.

Por último y como lo comentamos en la cuarta sección del **Método Escribe Hoy**, este software nos permite compilar versiones del documento en distintos formatos: PDF, libro electrónico (como Kindle o e-Pub), archivos de texto como *Word* o txt, formatos profesionales de guiones de cine o TV y más opciones.

En la imagen (que es la misma que inició esta sección) pueden ver que hay una carpeta que se llama *"Front Matter"*, con salidas de Manuscrito, e-book o impreso. Esto permite agregar entradas diferentes para cada uno y los formatos estándar de la industria.

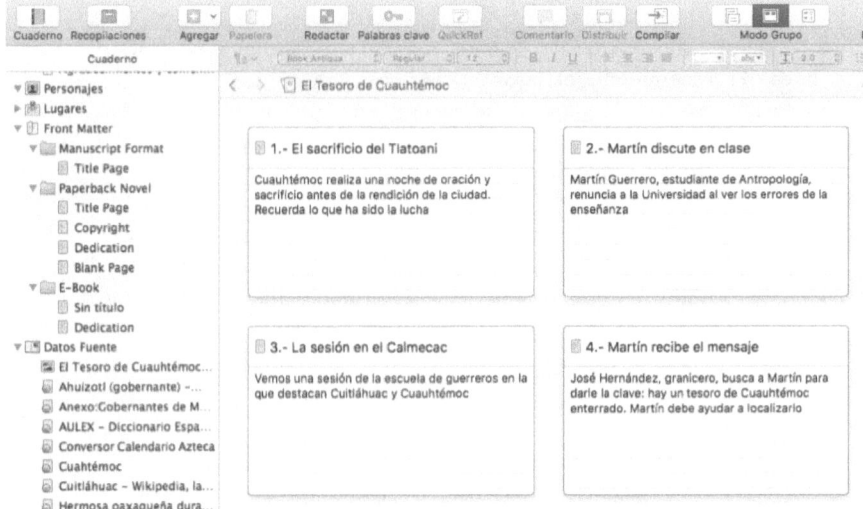

Por ejemplo, en un libro impreso agrega portadillas falsas, la imagen de la portada, una página para la dedicatoria y hojas en blanco según se requieran, además de que hace que los capítulos empiecen en páginas nones, incrustando páginas en blanco, por ejemplo.

En cambio, en un e-book crea ligas directas a los capítulos y una tabla de contenido dinámica, de manera que si el lector aumenta el tamaño de fuente, de cualquier manera al hacer click llegue a la sección y no a la página que ya no corresponde.

En conclusión...

Además de ser muy potente, es un software relativamente barato pues la versión comercial completa vale menos de U$50 y corre lo mismo en Mac que en PC y ya viene la versión para tabletas. Podrás sincronizar tus archivos en las tres versiones sin problema. También ofrece una versión de prueba gratis por 30 días, para que veas si te puedes acoplar. Que no te abrume la cantidad de opciones que tiene. Nada que no se pueda resolver un poco de tiempo. Tiene plantillas para empezar con formatos preconfigurados, sea para textos de ficción o no ficción. Puedes conseguir *Scrivener* en la página de Literature and Latte.

Si te sientes abrumado, hay buenos cursos sobre el manejo de este programa. En linea les recomiendo el curso Learn Scrivener Fast de Joseph Michael. Conocerán todos los detalles y cuenta con una guía rápida de inicio. O si lo prefieren, revisen en Escribe Hoy mis talleres presenciales tanto del Método Escribe Hoy como del manejo de *Scrivener*.

Scrivener es sin duda la herramienta de software más útil y conveniente para poder escribir más rápido y mejor. Francamente no podría trabajar sin ella con la velocidad y calidad con que lo estoy haciendo (incluyendo, claro, este libro).

Servicios Adicionales

Ahora que conoces el **Método Escribe Hoy**, te habrás dado cuenta que consiste en partir el proceso de escritura en pequeñas secciones, que puedes atender muy rápido y fácil, lo que permite evitar el bloqueo de escritor y te da un buen ritmo para escribir y notar avances en tu trabajo como autor, sea profesional, académico o incluso como *hobby*. Pero si aún así te parece difícil, el equipo de **Escribe Hoy** está listo para ayudarte en los siguientes pasos del proceso:

Coaching. Si, se trata de asesorarte personalmente, correteándote todos los días para asegurarnos que logres tu meta. Porque, asumámoslo: a veces necesitamos alguien que nos resuelva dudas, que nos presione a lograrlo, que nos permita concentrarnos... y más si lo hace desde tu celular para lograr las metas que TU te pongas. Y además, a un precio muy competitivo.

Estructura - Preguntas. Tienes una idea y no sabes cómo darle estructura o desarrollar las preguntas que permitirán hacer tu libro. Con gusto te ayudamos desde la idea inicial hasta el desarrollo de tu *outline* o estructura con sus respectivas preguntas. A partir de allí, te toca escribir tu texto.

Revisión ortográfica y gramatical. Ya terminaste de escribir tu borrador. Ahora, quieres asegurarte que está bien escrito. Nuestro equipo te ayudará también a la revisión del texto, con costos muy competitivos, alta calidad y seriedad en los tiempos de entrega. Funciona de maravilla y tu producto final será adecuado para imprimirse. Sin embargo, tu decides si haces los cambios o no. Porque, a final de cuentas, tú eres el autor y la máxima autoridad en tu libro...

Diseño editorial. Ya tienes un texto completo y editado. ¿Tiene el diseño editorial adecuado? Esto es propiamente revisar los ocho puntos del último paso, en cuanto a estilos, numeración, contenido, índice... a fin de que tengas un libro terminado y no sólo un borrador. Y, por supuesto, darle una portada que invite a leerlo.

Impresión *On-Demand*. Ya. Lo tuyo es ver tu texto impreso y terminado. Como parte del equipo de **Escribe Hoy** contamos con convenios con imprentas que te permiten hacer tirajes tan pequeños (desde 10 ejemplares) o tan grandes como necesites, incluyendo en su caso el trámite de ISBN para que puedas vender tu libro en librerías y otros canales de distribución. También servicios como diseño de portadas, diseño editorial avanzado (una tipografía específica para tu libro, a fin de que no use tipos genéricos como Times New Roman) y otros más para que tu libro tenga la calidad que deseas a un precio competitivo.

Formateado de libros electrónicos. Ahora que si lo que prefieres es vender en línea un e-book, sea en Amazon u otros formatos, te ayudamos a convertir tu libro y, en su caso, a montar la página para su distribución. Te ayudamos para que en cosa de días pases de ser un **escritor en potencia** a ser un **autor publicado** en la cadena más grande del mundo. Y todas las regalías serían para ti. Hasta un 70% de las ventas pueden ser tu ingreso. Nada mal, si comparas con el 5 a 10% que te ofrece una editorial tradicional (que está bien si vendes un millón de ejemplares; para empezar, mejor publica directamente en Amazon).

Asesoría Integral. Si en lugar de una sola sección del proceso necesitas de todo junto, para que puedas concentrarte únicamente en escribir... pues bien, tenemos un paquete de servicios integrales para ti que te servirá de maravilla. Porque contiene todo, pero con un descuento por contratar el paquete completo.

Para todos estos servicios, materiales adicionales gratuitos y para que conozcas más de lo que podemos hacer juntos por tu libro, te esperamos en

ESCRIBEHOY.COM

Contáctanos
CONTACTA AL AUTOR

Si te gusta este libro, o si tienes algo que decirme, me gustaría saberlo. Escríbeme a gonzalo@gjsuap.com

Te espero en mi blog **Dichos y Bichos,** disponible en http://gjsuap.com. Se actualiza tres veces a la semana. Hay un boletín semanal gratuito, en el que se anuncia, además de las nuevas entradas y materiales exclusivos, conferencias, publicaciones y nuevos libros disponibles. Es posible registrarse sin costo alguno en en la siguiente dirección: Boletín Dichos y Bichos (http://eepurl.com/LoO1) y recibes un e-book de regalo al suscribirte.

En particular, hay un boletín especial para los lectores de este libro en http://escribehoy.com al que te invito a suscribirte,

Puedes conocer mi catálogo completo en Amazon en http://www.amazon.com/author/gjsuap o en el sitio http://autor.gjsuap.com

Puedes **comunicarte conmigo,** también a través de las redes sociales:
Amazon
http://www.amazon.com/author/gjsuap
Facebook
http://facebook.com/gjsuap
Google+
http://plus.google.com/+gjsuapplus,
Pinterest
http://pinterest.com/gjsuap
Slideshare
http://www.slideshare.net/gjsuap
Twitter (mi favorita)
http://twitter.com/gjsuap

YouTube
http://youtube.com/gjsuap
E-Mail
gonzalo@gjsuap.com

Otros **sitios** que puedes consultar, vinculados a mis libros:
Blog Dichos yBichos
http://gjsuap.com
Clara Sandra Solía Soñar
http://clarasandra.com
Cursos y Talleres
http://cursos.gjsuap.com
De Hormigas a Tiburones
http://dehormigasatiburones.com
El tesoro de Cuauhtémoc
http://eltesorodecuauhtemoc.com
Escribe Hoy
http://escribehoy.com
Página de Autor
http://autor.gjsuap.com

¡No dejes de contactarme!

Gonzalo J. Suárez P.
@gjsuap

Un último favor...

Como sabes, a los autores independientes nos cuesta mucho más esfuerzo dar a conocer nuestros materiales. Así que quiero pedirte un favor: Si te gustó este texto, ¡Recomiéndalo! Si tienes dudas, quejas, sugerencias, comentarios o felicitaciones, no dudes en escribirme a gonzalo@gjsuap.com

La forma más fácil de recomendarlo es evaluándolo en Amazon. Te pido una reseña honesta, con lo que te gustó y con lo que no te gustó. Recuerda que puedes hacerlo directamente en la página del libro, si quieres dejar un comentario, o en la página de calificación automática que agrega Amazon a continuación, en dónde puedes votar. Gracias de antemano: